코딩 첫걸음 시리즈 3

파이썬의 모든것, 기초
14개의 코딩 이야기!

박영호, 이병재 지음

(주)교학사

책의 저자

박영호 · yhpark@bc.ac.kr

약력 |

- 통계청 전산사무관
- 부천대학교 e-비즈니스과 교수
- 고등학교 1종 도서 편찬 심의위원
- 중소기업 정보화 지원사업 평가위원
- 한국산업정보보안학회 이사
- 부천대학교 중앙전산소장
- 부천대학교 정보화추진 TFT 위원

저서 |

- 엑셀 2013 시작하기
- 파워포인트 2013 시작하기
- 엑셀 이럴 땐 어떻게?
- 엑셀 함수 이럴 땐 어떻게
- 비주얼베이직 고수 따라하기
- 술술 읽는 자바의 첫걸음
- 술술 읽는 엑셀 VBA 이야기
- 파이썬 코딩의 첫걸음

이병재 · pcbookweb@hanmail.net

약력 |

- PCBOOK 출판사의 대표
- PCBOOK 출판사 다수의 도서 기획, 공저, 번역 등
- 소프트웨어 개발 업체인 (주) 아울컴 부설 아울연구소 근무
- 컴퓨터 잡지 편집장으로 근무
- KBS 라디오 방송 고정 출연 경험
- 다양한 기업 및 기관에서 다수의 컴퓨터 관련 강의 경험

저서 |

- 코딩 정복 4주 완성
- 파이썬 코딩의 첫걸음

이 책에서는

이 책은 "코딩 입문"과 "파이썬 입문"이라는 2마리의 토끼를 잡을 목적으로 발간되었습니다.

파이썬은 일명 '거북이 프로그램'이라고 불리는 터틀 그래픽 프로그램을 기본으로 제공하고 있어 초보자들이 재미있게 프로그래밍을 익힐 수 있습니다.

이 책에서도 새로운 개념이 등장할 때마다 거북이 프로그램의 애니메이션을 활용해서 마치 게임하듯이 개념을 익히도록 유도하고 있습니다.

파이썬이 제공하는 기능 중에서 다른 모든 프로그래밍 언어들도 공통으로 제공하는 필수 기능들을 재미있는 예제들로 마스터할 수 있도록 내용을 구성하였습니다.

코딩의 가장 기초적인 개념으로 시작해서 마지막에는 간단한 게임을 작성할 수 있는 수준까지 단계적으로 완성할 수 있습니다.

이 책은 필자가 파이썬 기초 강의 노트를 작성하다가 책으로 발전하게 되었으며 인문계 고등학생, 컴퓨터 비전공 대학생 등 코딩 무경험 독자들이 파이썬의 기본 문법을 마스터할 수 있도록 가이드하고 있습니다.

이 책에 제공하는 예제 중에는 가끔 괄호 넣기 문제가 등장하는데 대부분 바로 앞의 코딩을 잘 들여다 보면 쉽게 해결할 수 있는 수준입니다. 예제 파일을 열어보면 바로 정답을 알 수 있지만 중요한 개념을 확실히 이해하기 위해 잠시 생각하는 시간을 가지는 것이 학습의 효율을 높일 수 있습니다.

우리나라에서는 코딩이 모든 학생들의 필수 과목이 되고, 세계적으로는 파이썬이라는 언어가 큰 비중을 차지하는 프로그래밍 언어로 부상했습니다.

구글이 발표하는 새로운 소프트웨어의 50% 이상이 파이썬으로 작성될 정도로 파이썬의 위력이 대단합니다.

하지만 입문자들이 배우기에는 모든 프로그래밍 언어가 어렵기 때문에 본 서에서는 파이썬의 기본 기능을 확실히 마스터하는데 초점을 맞추었습니다.

프로그램의 작성이 어려운 건 알고리즘 때문이지 코딩은 어렵지 않습니다. 파이썬 코딩을 배운다는 것은 대략 100개 정도의 단어 사용법을 익히는 것입니다.

Contents

'0과 1' 그리고 '주기억장치'를 알아두세요 ·· 006

제일 먼저 내 컴퓨터에 파이썬을 깔아야 해요 ·· 014

'변수'와 '할당 연산자'부터 알아두면 쉬워져요 ······································ 026
- ◆ 변수는 숫자나 문자에 이름을 할당해요
- ◆ 변수를 완전 정복해요
- ◆ 변수 이름을 만드는 규칙이 있어요

영어에는 문장의 5형식이 있다면, 파이썬은 명령문의 4형식이 있어요 ······ 035
- ◆ 파이썬 명령문 1형식 : 연산문
- ◆ 파이썬 명령문 2형식 : 함수
- ◆ 파이썬 명령문 3형식 : 메소드
- ◆ 파이썬 명령문 4형식 : 일반 명령문

코딩 규칙을 지키면서 프로그램 파일을 작성해요 ·································· 042
- ◆ 셸 창은 파이썬과 우리가 대화하는 창입니다
- ◆ 코딩 파일을 사용하는 방법을 알아보아요
- ◆ 코딩에도 간단한 맞춤법이 있어요

먼저 알아둘 3개의 명령문이 있어요 ·· 050
- ◆ input 함수는 키보드에서 데이터를 받아들입니다
- ◆ print 함수로 폼을 잡아서 출력해봐요
- ◆ import는 그림 그리는 거북이를 불러와요
- ◆ 자동 달력을 만드는 프로그램

산술 연산자만 사용해도 다양한 프로그램을 짤 수 있어요 ····················· 062
- ◆ 고수도 프로그램을 짤려면 시간이 걸려요
- ◆ 할인액과 세금 계산 프로그램
- ◆ 동전 교환기 프로그램
- ◆ 2차 함수 계산을 하는 프로그램
- ◆ 삼각형의 넓이를 구하는 프로그램
- ◆ 섭씨와 화씨온도를 변환하는 프로그램

큰지 작은지, 같은지 다른지를 검사할 수 있어요 ··································· 077
- ◆ 조건이 맞으면 색을 사용하는 거북이 프로그램
- ◆ 비교할 때는 관계 연산자를 사용해요
- ◆ '그리고'나 '또는'이 필요하면 논리 연산자를 사용해요
- ◆ 간단히 한 개만 검사할 때는 if를 사용해요
- ◆ 맞으면 이렇게, 틀리면 저렇게는 if...else를 사용하지요

검사할 것이 많으면 조건식을 계속 추가해요 ·· 090
- ◆ if...elif...else 문은 검사를 많이 해요
- ◆ 선택한 색으로 삼각형을 그리는 거북이 프로그램
- ◆ 양수, 0, 음수를 판별하는 프로그램
- ◆ 짝수, 홀수를 구분하는 프로그램
- ◆ 제일 큰 숫자를 찾는 프로그램
- ◆ 윤년인지 알려주는 프로그램

- ◆ 스마트폰 통신 요금 계산 프로그램
- ◆ 초대권 할인 입장료 계산 프로그램
- ◆ 가위, 바위, 보 게임 프로그램

반복해서 여러 번 실행할 수 있어요 ······ 110

- ◆ for문으로 반복 실행해요
- ◆ 100개의 원을 그리는 거북이 프로그램
- ◆ 구구단을 출력하는 프로그램
- ◆ 임의의 색으로 변을 그리는 거북이 프로그램
- ◆ for 문은 2가지가 더 있어요
- ◆ 팩토리얼을 구하는 프로그램
- ◆ 인구증가표 작성 프로그램
- ◆ 원하는 다각형을 그리는 거북이 프로그램
- ◆ range 함수는 숫자를 만들어요
- ◆ 리스트를 사용할 수도 있어요
- ◆ 거북이 4마리 달리기 프로그램
- ◆ 태극무늬를 그리는 거북이 프로그램
- ◆ 카운트다운을 세는 프로그램
- ◆ 단리, 복리 투자금액 계산 프로그램

조건이 맞으면 반복하고 안맞으면 안 해버려요 ······ 131

- ◆ while 문은 반복 횟수를 모를 때 주로 사용합니다
- ◆ 주사위 던지기 게임 프로그램
- ◆ 피보나치 수열을 출력하는 프로그램
- ◆ 다각형을 그리면서 제목을 표시하는 거북이 프로그램
- ◆ 9개의 동심원을 그리는 거북이 프로그램
- ◆ 오늘의 운수를 점치는 프로그램
- ◆ 숨겨진 숫자를 맞추는 게임 프로그램
- ◆ 나누어지는 숫자를 찾는 프로그램

반복을 반복할 수 있어요 ······ 148

- ◆ 중첩 for 문을 봅시다
- ◆ 100개의 별을 그리는 거북이 프로그램
- ◆ 8행 10열로 점을 찍는 거북이 프로그램
- ◆ 행과 열을 변환하는 프로그램
- ◆ 예금 계좌를 관리하는 프로그램
- ◆ 중첩 while 문도 있어요
- ◆ 다각형 패턴을 만드는 거북이 프로그램
- ◆ 2개의 행렬을 더하는 프로그램
- ◆ 피타고라스의 삼각형을 찾는 프로그램

명령문을 모아놓고 이름을 붙이면 함수가 되지요 ······ 165

- ◆ 우리는 이미 함수를 사용해 보았습니다
- ◆ 함수는 인수를 사용할 수도 있어요
- ◆ 간단한 계산기 프로그램
- ◆ 키보드로 그림을 그리는 거북이 프로그램
- ◆ 함수의 변수는 지역구와 전국구가 있어요
- ◆ 내가 함수를 만들 수도 있어요
- ◆ 함수는 반환값도 사용할 수 있어요
- ◆ 별이 빛나는 밤에... 거북이 프로그램
- ◆ 마우스로 그림을 그리는 거북이 프로그램

배운 것을 총동원해 게임을 만들어봐요 ······ 185

- ◆ 1등을 뽑는 거북이 레이싱 게임
- ◆ 영어 단어암기 게임
- ◆ 전투함을 침몰시키는 배틀쉽 게임

부록 – 터틀 그래픽 명령어 ······ 198

'0과 1' 그리고 '주기억장치'를 알아두세요

흔히 컴퓨터는 모든 정보를 0과 1로 처리한다고 합니다.

정말 그럴까요?

잘 생각해보면 이건 말이 안됩니다!

컴퓨터는 전기로 움직이는 전자 장치인데 숫자를 안다고요?

숫자는 인간만이 사용하는 개념인데 전자 장치인 컴퓨터가 어떻게 0과 1이라는 숫자를 이해한다는 말인가요?

그래서 지금부터 우리는 그 0과 1의 진실을 파헤쳐볼 것입니다.

우리 인간은 10진법의 세계에 살고 있습니다. 즉 10진법을 사용한다는 것입니다. 10진법에서 사용하는 숫자를 10진수라고 합니다.

10진수는 0, 1, 2, 3, 4, 5, 6, 7, 8, 9 등 10개의 숫자로 구성되며 10이 되면 한자리 올림이 발생하지요.

인간이 10진수를 사용하게 된 것은 손가락이 10개이기 때문이라는 확인되지 않은 이야기가 있습니다. 하지만 이야기를 들어보면 그럴 듯합니다. 인류 초기 원시인들이 10개의 손가락을 꼽아가며 셈을 했답니다.

그래서 10개 손가락을 모두 꼽으면 돌 하나를 옆에 놓았는데 그것이 10진수의 탄생이라는 것입니다. 만일 초기 인류가 발가락까지 고려해서 셈을 했다면 손가락 10개에 발가락 10개까지 합해서 20진수를 사용할 뻔했습니다.

사실 '진법'이니 '진수'니 하는 것도 우리 인간이 만든 개념 체계입니다.
따라서 개념만 확장하면 10진법 이외에 얼마든지 다른 진법이 있을 수 있습니다.

3진법은 어떨까요? 3진법의 3진수는 0, 1, 2 등 3개의 숫자가 있습니다. 그래서 3이 되면 한자리 올림이 발생하지요.
그럼 5진법은? 5진법의 5진수는 0, 1, 2, 3, 4 등 5개의 숫자가 있습니다. 마찬가지로 5가 되면 한자리 올림이 발생합니다.

그럼 2진법은? 2진법의 2진수는 0, 1 등 2개의 숫자가 있습니다. 역시 2가 되면 한자리 올림이 발생하지요.

컴퓨터가 0과 1만 사용한다는 것은 컴퓨터는 2진수를 사용한다는 말입니다. 하지만 컴퓨터가 2진수를 사용한다고 말만 바꾸었을 뿐입니다. 전자 장치인 컴퓨터가 숫자를 이해하다는 것은 여전히 말이 안됩니다.

0과 1의 실체를 밝힙니다

컴퓨터는 전기로 움직이는 전자 장치입니다. 그래서 컴퓨터의 파워(Power) 스위치를 끄면 컴퓨터는 그 순간 먹통이 되고 말지요. 그건 내 손안의 컴퓨터인 스마트폰도 마찬가지입니다.

스위치를 켜면 살아나고, 스위치를 끄면 죽지요. 다시 말해서 전기를 공급하면 살고, 전기를 끊으면 죽는 겁니다. 컴퓨터가 사용한다는 0과 1은 바로 전기 공급과 스위치를 의미합니다.

PROGRAMMING

컴퓨터 내부에는 수많은 스위치 회로가 있습니다. 우리가 컴퓨터의 파워를 켜놓은 상태여도 내부 회로에 모두 전기가 동일하게 흐르지는 않습니다.

수많은 스위치 회로들은 각기 전기가 흐르는 상태일 수도 있고, 흐르지 않는 상태일 수도 있습니다.

'반도체 메모리'라는 말을 많이 들어봤을 것입니다. '반도체'는 '반쪽 짜리 도체'라는 의미입니다. 전기가 흐르는 도체 역할을 할 수도 있고, 전기가 흐르지 않는 절연체 역할을 할 수도 있기 때문입니다.

이런 '반도체'는 아주 간단히 얘기하면 스위치 회로이지요.

그런 스위치 회로가 어마어마하게 집적(Integrated)되어 있는 회로라는 의미에서 IC(Integrated Circuit; 집적 회로)라고 합니다. 특별히 전자 회로나 컴퓨터 하드웨어에 관한 전문 지식이 없는 우리들은 반도체나 IC를 대략 같은 것으로 이해해도 됩니다.

좌우지간, 중요한 건 컴퓨터 내부의 회로들은 '전기가 흐름', '전기가 흐르지 않음'이라는 2가지 상태를 가질 수 있다는 것입니다.

'0과 1' 그리고 '주기억장치'를 알아두세요 **009**

그런데 이런 전기적 상태를 언급할 때 매번 '전기가 흐름', '전기가 흐르지 않음'이라고 하기가 불편하지요.

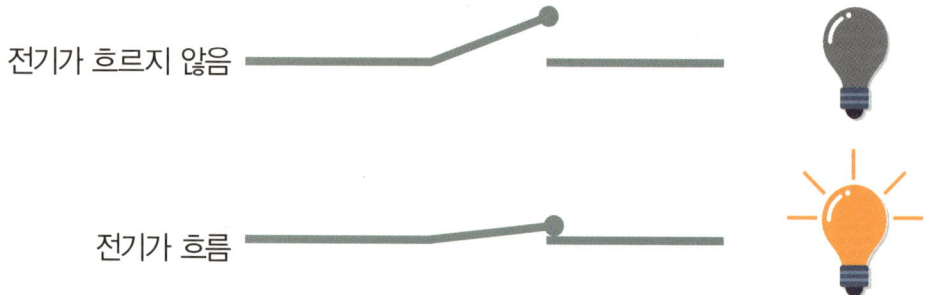

그래서 인간이 가지고 있는 숫자 체계 중 2진법 체계를 차용한 겁니다. '전기가 흐름'은 1, '전기가 흐르지 않음'은 0으로 표현하는 것이지요. 알고보면 간단한 얘기입니다. 하지만 2진법으로 표현되는 이러한 전기적인 2가지 상태는 어마어마한 컴퓨터의 발전을 가져옵니다.

우리의 인생도 2진수가 아닐까요?
우리가 살아가면서 순간순간 내려야만 하는 수많은 결정들을 잘 분해해 보면 각각의 세부적인 항목이나 사건에 대한 우리 마음의 'Yes', 'No'의 조합은 아닐까요? 그 'Yes', 'No'를 1과 0으로 표현하면 컴퓨터가 인간의 뇌와 마음을 흉내내게 할 수 있지요.
그래서 마침내 인공지능(AI; Artificial Intellegence)이라는 기술까지 등장합니다.
컴퓨터에서는 이런 2진수 한 자리를 1비트(bit)라고 합니다. 2진수를 영어로 표현하면 'binary digit'입니다. binary digit를 줄여서 'bit'라고 부르는 것이지요. 1이나 0을 의미하는 비트는 컴퓨터에서 정보를 표현하는 최소 단위입니다.

주기억장치에는 주소가 있어요.

컴퓨터를 사용하면서 메모리(Memory)나 RAM(Random Access Memory)과 같은 용어를 많이 접했을 것입니다. 둘 다 컴퓨터 안에 내장되어 있는 기억장치(메모리)를 의미합니다.

이 기억장치를 주기억장치라고도 하는데, 이는 하드디스크나 USB와 같이 전기가 공

PROGRAMMING

급되지 않아도 장기 보관이 가능한 보조기억장치와 구분하기 위한 용어입니다. 이 주기억장치는 1이나 0의 전기적인 상태를 유지하는 회로들로 구성되며, 컴퓨터에 전기가 공급되는 동안은 그 상태를 계속 유지하므로 기억하고 있다고 표현하는 것입니다.

주기억장치에 어떤 내용이 잔뜩 기억되어 있다고 가정해 봅시다. 지금까지 배운 바에 의하면 1과 0이 즉, 비트들이 어마어마하게 나열되어 있을 것입니다.

만일 우리가 주기억장치의 내용을 들여다 볼 수 있다면,

지금부터는 주기억장치에 있는 1과 0이 우리 눈에 보인다고 가정해 봅시다. 그래서 1과 0을 맘대로 가져올 수 있다고 가정해 봅시다.

처음부터 10개의 1과 0을 가져오라고 할 것인가요? 201번째 0부터 10개의 1과 0을 가져오라고 할 것인가요?

사람이 가져오건, 컴퓨터가 가져오건 이런 식이면 몹시 헷갈립니다. 그래서 등장한 것이 '주소(address)'라는 개념입니다. 주기억장치에는 주소라는 체계가 부여되어 있습니다.

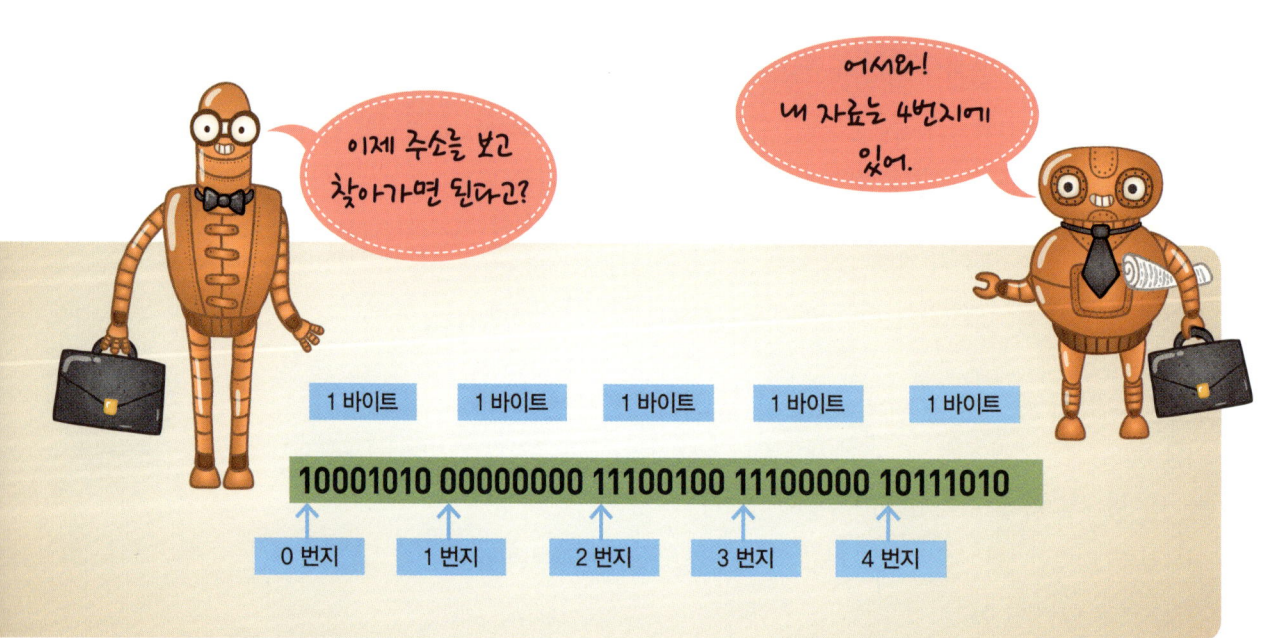

8개 비트마다 0번지부터 시작해서 1번지, 2번지와 같이 순차적으로 주소가 부여되어 있습니다.

컴퓨터에서는 8개 비트씩 묶어서 1byte(바이트)라고 부릅니다. 비트(bit)는 정보를 표현하는 최소 단위입니다. 바이트(byte)는 주소를 표시하는 최소 단위입니다.

엄청 간단해지고 체계적으로 일할 수 있게 됩니다. 주기억장치는 주소로 기억 위치를 구분하며, 주소는 1 바이트(8 비트) 단위로 부여된다는 사실을 기억해두세요.
이런 기본 개념은 앞으로 어떤 프로그래밍을 하더라도 반드시 필요한 지식입니다.
우리는 일상에서 흔히 1부터 숫자를 셈하기 시작하지만 컴퓨터에서는 0부터 시작합니다. 컴퓨터와 프로그래밍 세계를 탐험하기 위해서는 0의 사용에 익숙해질 필요가 있답니다.

PROGRAMMING

요점 정리

- 0과 1은 전기적인 2가지 상태를 의미합니다.
- 2진수 1자리를 비트(bit)라고 합니다.
- 비트는 컴퓨터에서 정보를 표현하는 최소 단위입니다.
- 8개 비트를 묶어서 1 바이트(byte)라고 합니다.
- 주기억장치에는 1 바이트 단위로 주소가 부여되어 있습니다.

제일 먼저 내 컴퓨터에 파이썬을 깔아야 해요

내 컴퓨터에서 '파이썬(Python)'이라는 프로그래밍 언어를 사용하려면 '파이썬 언어 프로그램'을 설치해야 합니다. 물론 무료입니다.

얼핏 생각하면 컴퓨터는 기본적으로 모든 프로그래밍 언어를 알고 있을 거라고 착각하기 쉽습니다. 컴퓨터는 프로그램을 실행하기 위해 존재하는 것이니까 당연히 그렇게 생각할 수도 있습니다.

하지만 내 컴퓨터에 기본으로 깔려있는 것은 윈도(Windows)와 같은 운영체제(OS;

Operating System) 프로그램뿐입니다.

내 컴퓨터에서 문서를 작성하려면 '한글'이나 '워드'와 같은 문서 편집용 프로그램을 설치해야 합니다. 프레젠테이션 슬라이드를 만들려면 '파워포인트'를 설치해야 합니다. 사진이나 이미지를 편집하려면 '포토샵'과 같은 이미지 편집 프로그램을 설치해야 합니다.

마찬가지로 내 컴퓨터가 '파이썬'이라는 프로그래밍 언어를 알아듣게 하려면 '파이썬 언어 프로그램'을 설치해야 합니다. C, 자바, R 등 그외 다른 프로그래밍 언어도 마찬가지입니다. 모두 해당 프로그래밍 언어 프로그램을 설치해야 합니다.

그런데 파이썬 프로그램을 설치하기 전에 먼저 알아두어야 할 것이 있습니다.
내 컴퓨터의 운영체제(OS; Operating System)가 32비트인지, 64비트인지를 알아야 합니다.

다음과 같이 [제어판] – [시스템] 메뉴를 클릭하면 알 수 있습니다.

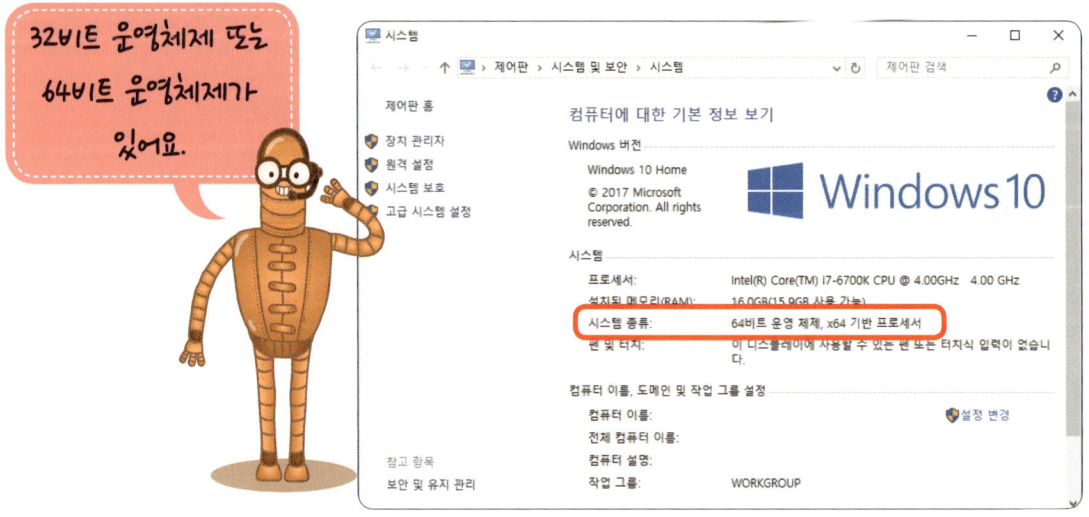

32비트 운영체제 또는 64비트 운영체제가 있어요.

이 책에서 사용된 컴퓨터의 위의 화면과 같이 64비트 운영체제이지만, 사용자에 따라 32비트 운영체제일 수도 있습니다. 운영체제를 확인하였으면 파이썬 언어 프로그램을 다운로드하기 위해 아래의 사이트를 방문합니다.

http://www.python.org/downloads

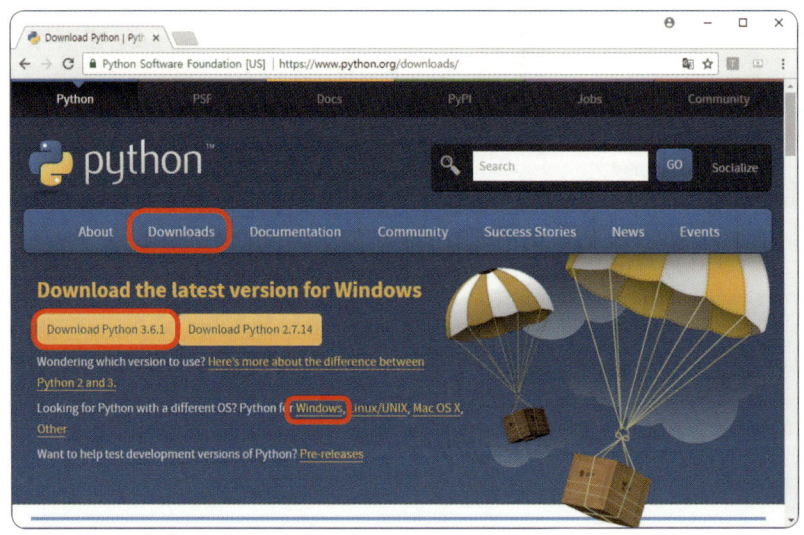

최신의 파이썬 버전을 다운로드 받을 수 있는 2개의 노란 버튼이 표시됩니다. 이 책을 만드는 시점에서는 'Python 3.6.1'이 최신 버전이었습니다.

2개의 노란 버튼 중 왼쪽 버튼을 보면 'Download Python 3.6.1'이라고 표시되어 있습니다. 이 노란 버튼을 클릭하면 32비트 운영체제용 파이썬을 다운로드할 수 있습니다. 사용하는 컴퓨터의 운영체제가 32비트이면 그냥 이 버튼을 클릭해도 됩니다.
하지만 32비트용도 다운로드 받을 수 있고, 64비트용도 다운로드 받을 수 있으면서, 메뉴를 사용해서 다운로드를 하고 싶다면 버튼 아래에 있는 'Windows' 링크나 'Linux/UNIX, Mac OS X, Other' 등 자신의 컴퓨터에서 사용하는 운영체제를 클릭하면 됩니다.
그리고 아래의 그림과 같이 'Python 3.6.1 – 2017-03-21'이라는 타이틀을 찾아갑니다. 거기서 32비트 운영체제는 'Download Windows x86 executable installer'를 클릭하고 64비트 운영체제는 'Download Windows x86-64 executable installer'를 클릭하면 됩니다.
최신의 버전이 나오면 이 메뉴에서 가장 최신의 버전을 선택해도 됩니다.

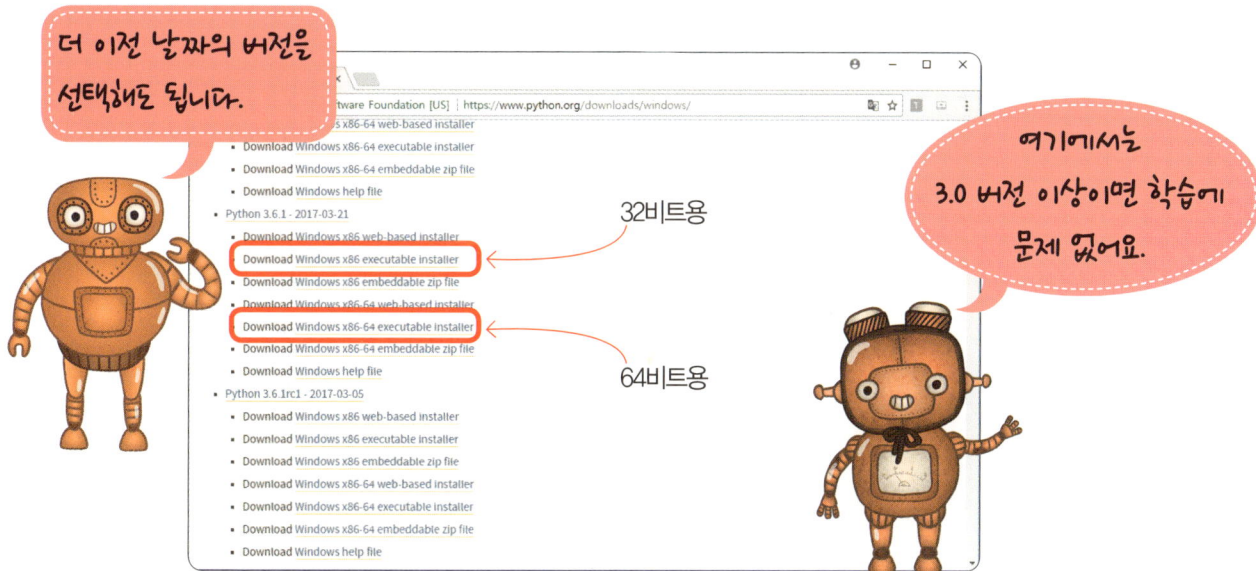

더 이전 날짜의 버전을 선택해도 됩니다.

여기에서는 3.0 버전 이상이면 학습에 문제 없어요.

다운로드한 파일을 찾아서 더블클릭하면 파이썬을 설치할 수 있습니다.

여기에서는 운영체제를 윈도 10을 사용했습니다.

아래와 같이 [Setup] 창이 표시됩니다.

제일 아래의 'Add Python 3.6 to PATH'에 체크를 하고, [Install Now]를 클릭합니다.

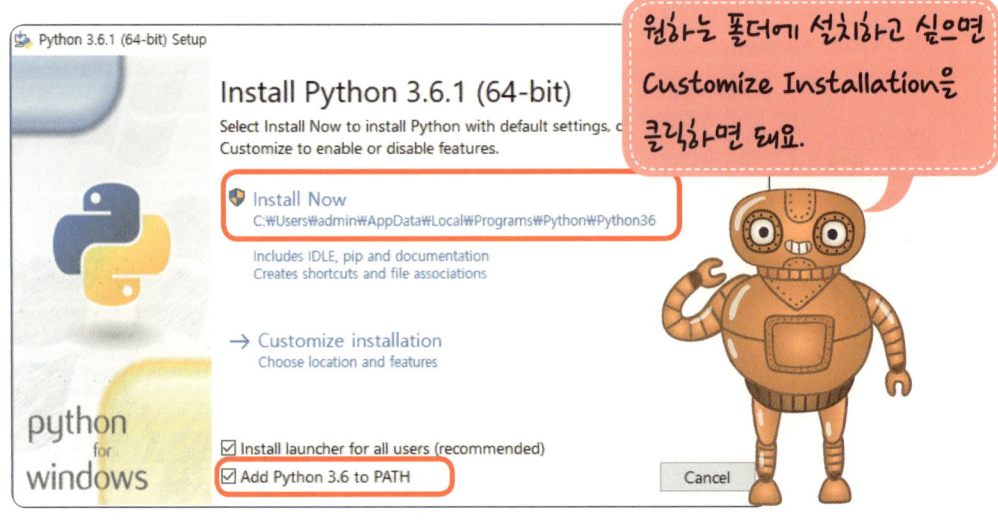

원하는 폴더에 설치하고 싶으면 Customize Installation을 클릭하면 돼요.

설치가 진행되고, 완료 창이 표시되면 [Close]를 클릭합니다.

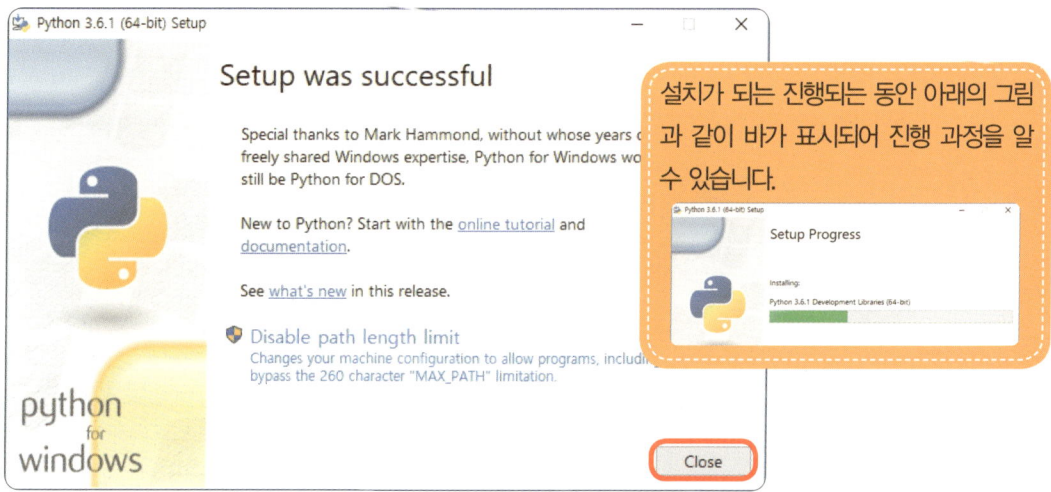

설치가 되는 진행되는 동안 아래의 그림과 같이 바가 표시되어 진행 과정을 알 수 있습니다.

파이썬이 올바로 설치되었는지 확인하기 위해 다음과 같이 작업합니다.
윈도우의 [시작] 버튼 옆에 있는 돋보기 모양의 검색 버튼을 클릭하고 검색어 입력 란에 'cmd'를 입력한 후 [Enter] 키를 누릅니다.

단축키 윈도+R을 클릭하여 실행 창이 나타면 여기에 cmd를 입력해도 됩니다.

제일 먼저 내 컴퓨터에 파이썬을 깔아야 해요 **019**

까만 명령 창이 표시되면 'python'을 입력하고 [Enter] 키를 누릅니다. 아래와 같이 메시지가 표시되면 설치에 성공한 것입니다.

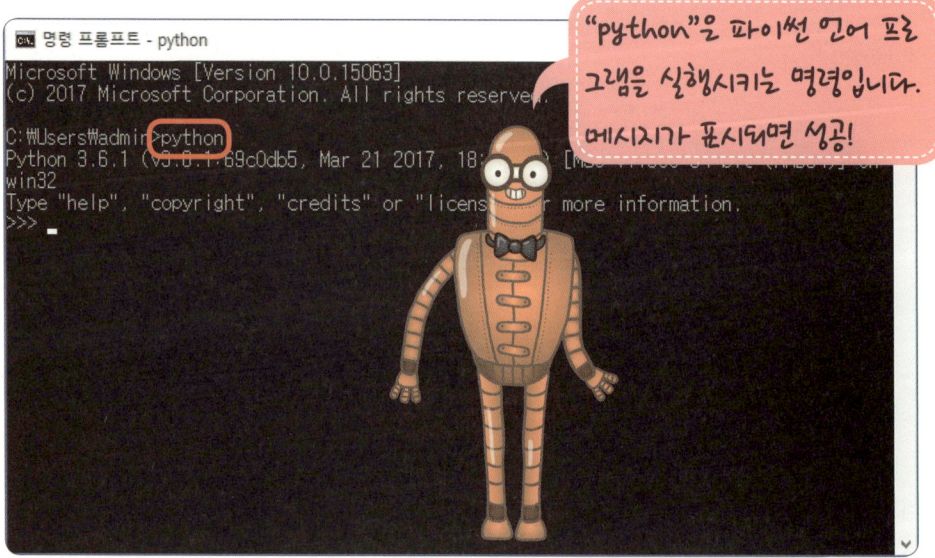

제일 아래 줄에 '>>>' 기호가 표시되고 커서가 깜빡이고 있습니다.
이 기호를 '파이썬 프롬프트(prompt)'라고 합니다.

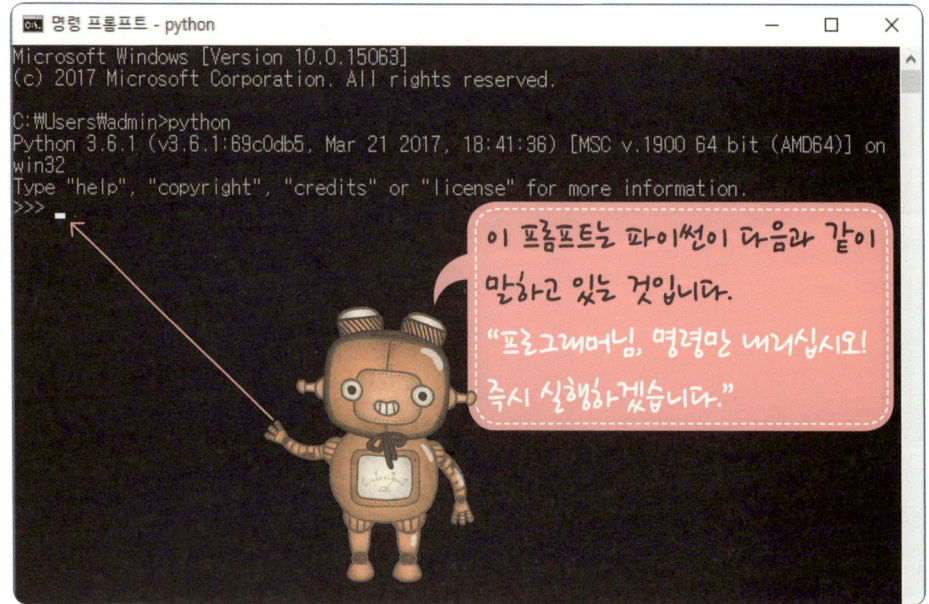

명령만 내리면 즉시 실행한다고요?

아래의 화면과 같이 '10+20'을 입력하고 [Enter] 키를 눌러 덧셈 명령을 내려봅시다.

```
명령 프롬프트 - python
Microsoft Windows [Version 10.0.15063]
(c) 2017 Microsoft Corporation. All rights reserved.

C:\Users\admin>python
Python 3.6.1 (v3.6.1:69c0db5, Mar 21 2017, 18:41:36) [MSC v.1900 64 bit (AMD64)] on win32
Type "help", "copyright", "credits" or "license" for more information.
>>> 10+20
30
>>>
```

파이썬이 계산해서 '30'이라는 결과가 표시됩니다.

이번에는 다음과 같이 'print("hi!")'를 입력하고 [Enter] 키를 눌러봅시다.

```
명령 프롬프트 - python
Microsoft Windows [Version 10.0.15063]
(c) 2017 Microsoft Corporation. All rights reserved.

C:\Users\admin>python
Python 3.6.1 (v3.6.1:69c0db5, Mar 21 2017, 18:41:36) [MSC v.1900 64 bit (AMD64)] on win32
Type "help", "copyright", "credits" or "license" for more information.
>>> 10+20
30
>>> print("hi!")
hi!
>>>
```

'hi!'라는 글자가 화면에 출력됩니다.

우리는 'print( )'라는 파이썬 명령문을 사용해서 화면에 글자를 출력한 것입니다. 'print( )'라는 명령문은 괄호 안에 출력될 글자들을 기술하며, 글자들을 큰따옴표(")로 둘러싸야 합니다.

이렇게 따옴표 안에 쓴 글자들을 파이썬에서는 '문자열(string)'이라고 하며 앞의 예에서는 'hi!'라는 문자열을 출력한 것입니다.

지금까지 우리는 파이썬에게 덧셈을 하고 문자열을 출력할 수 있도록 명령을 내린 것입니다. 언어를 구성하고 사용하기 위한 규칙을 문법이라고 합니다. 우리 언어에는 국문법이 있고, 영어에는 영문법이 있듯이 파이썬에서도 파이썬 언어만의 문법이 있습니다. 또한 한글에는 한글 낱말이 있고, 영어에는 영단어가 있듯이, 파이썬에도 파이썬만 알아듣는 단어들이 있습니다.

만약 다음과 같이 파이썬이 알지 못하는 단어를 입력하면 에러가 발생합니다.

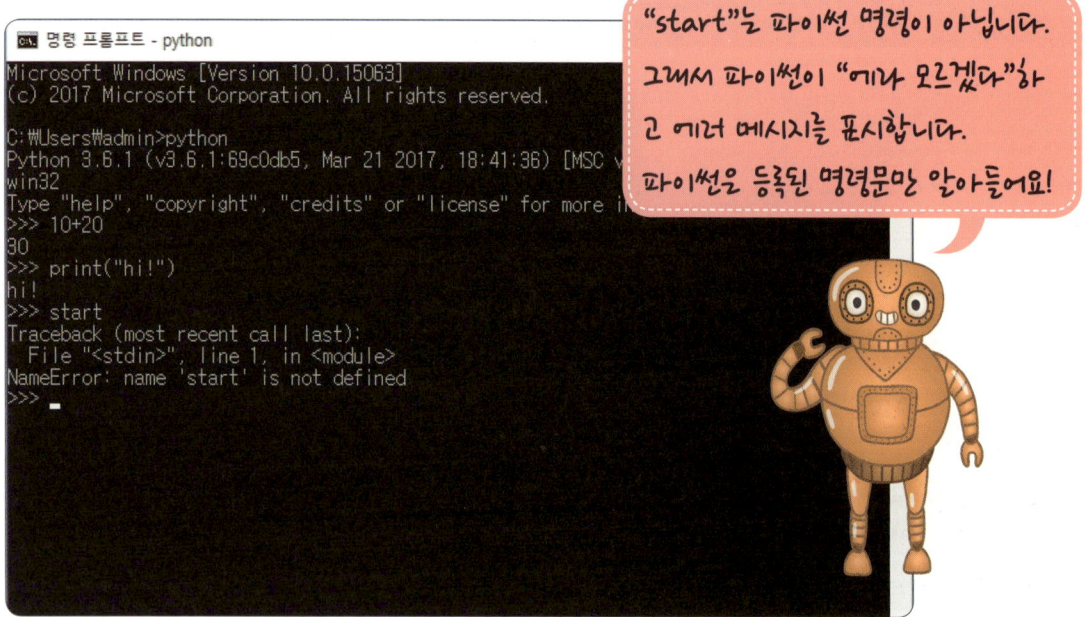

"start"는 파이썬 명령이 아닙니다. 그래서 파이썬이 "에라 모르겠다"하고 에러 메시지를 표시합니다. 파이썬은 등록된 명령문만 알아들어요!

파이썬 언어에 정의되어 있는 문법과 명령문들을 하나씩 배워나가는 것이 이 책의 목표입니다. 그렇게 문법을 지키면서 명령문들을 작성하는 작업을 '코딩(coding)'이라고 합니다.

명령문을 코드(code)라고도 하기 때문에 코딩이라는 용어가 생겼지요.

우리는 지금까지 시커먼 명령 창의 파이썬에게 2개의 명령을 내렸습니다. 계속해서 이 명령 창에서 작업해도 되지만 명령이 잘 보이지 않아서 오랜 시간 작업하기 힘들어집니다.

그래서 파이썬은 '통합개발환경(IDLE; Integrated DeveLopment Environment)'이라는 프로그램을 제공합니다. IDLE를 이용하면 효율적으로 코딩을 할 수 있습니다.

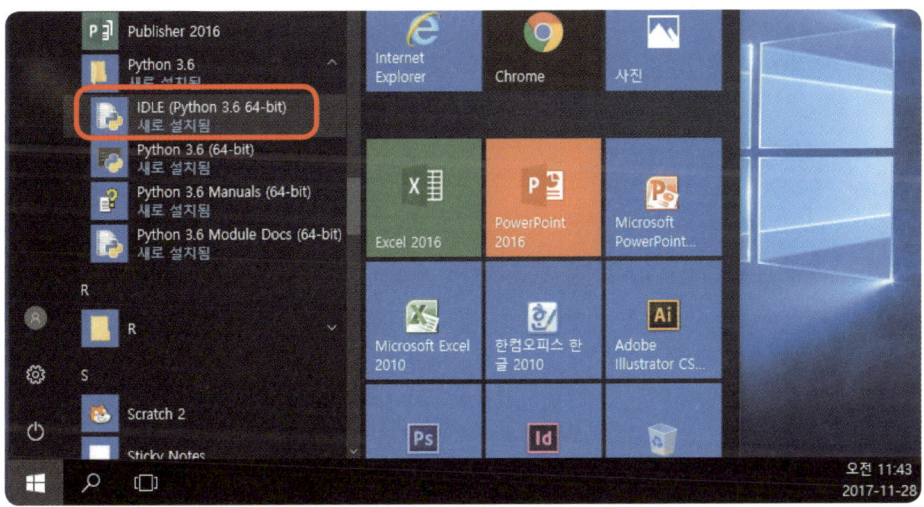

윈도의 [시작] 버튼을 클릭하고 [Python 3.6] 폴더를 찾아가서, 'IDLE (Python 3.6 64-bit)'를 클릭하면 다음과 같이 하얀 Shell(셸) 창이 표시됩니다.

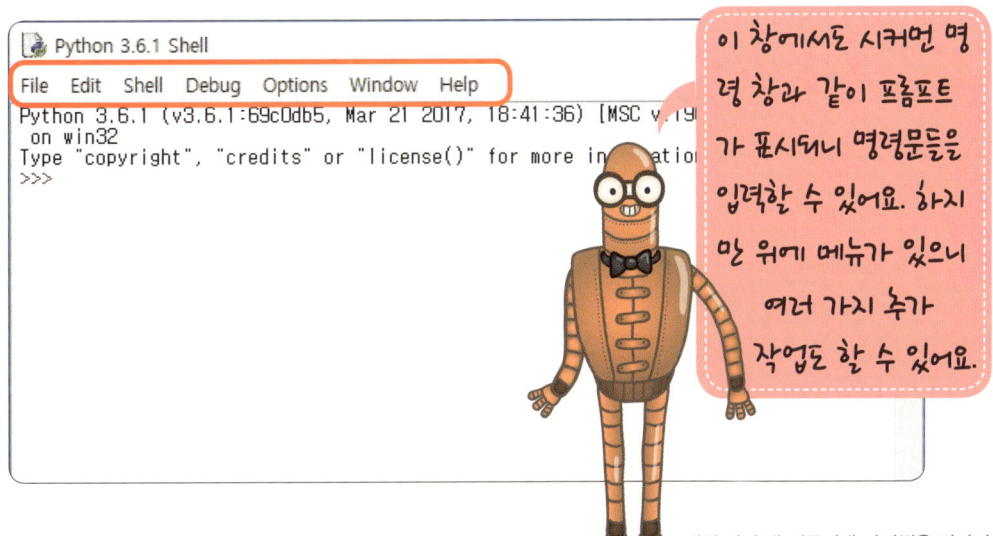

이 창에서도 시커먼 명령 창과 같이 프롬프트가 표시되니 명령문들을 입력할 수 있어요. 하지만 위에 메뉴가 있으니 여러 가지 추가 작업도 할 수 있어요.

앞으로 간단한 코딩은 이 셸 창에서 주로 작업을 하게 되므로 바탕화면에 다음과 같은 이 프로그램의 바로가기를 만들어두면 편합니다.

그런데 왜 셸이라고 할까요? Shell(셸)은 '껍데기'라는 의미이지요.
파이썬에서도 셸 창은 '파이썬 언어 프로그램'과 대화하기 위해 파이썬 언어 프로그램을 감싸고 있는 바깥쪽 '껍데기 창'이라는 의미입니다. 이런 셸 창은 여러가지 기능을 제공하기 때문에 우리가 좀 더 편하게 코딩을 할 수 있습니다.
특정 프로그램과 대화하기 위해 제공되는 창이나 작은 아이콘(icon)들을 사용자 인터페이스(UI; User Interface)라고도 합니다.
우리가 설치한 파이썬 언어 프로그램은 이런 소통을 위한 사용자 인터페이스 부분과 파이썬 명령문을 해독(interpret)하는 부분으로 구성됩니다. 명령문을 해독하는 부분은 인터프리터(Interpreter)라고 합니다.

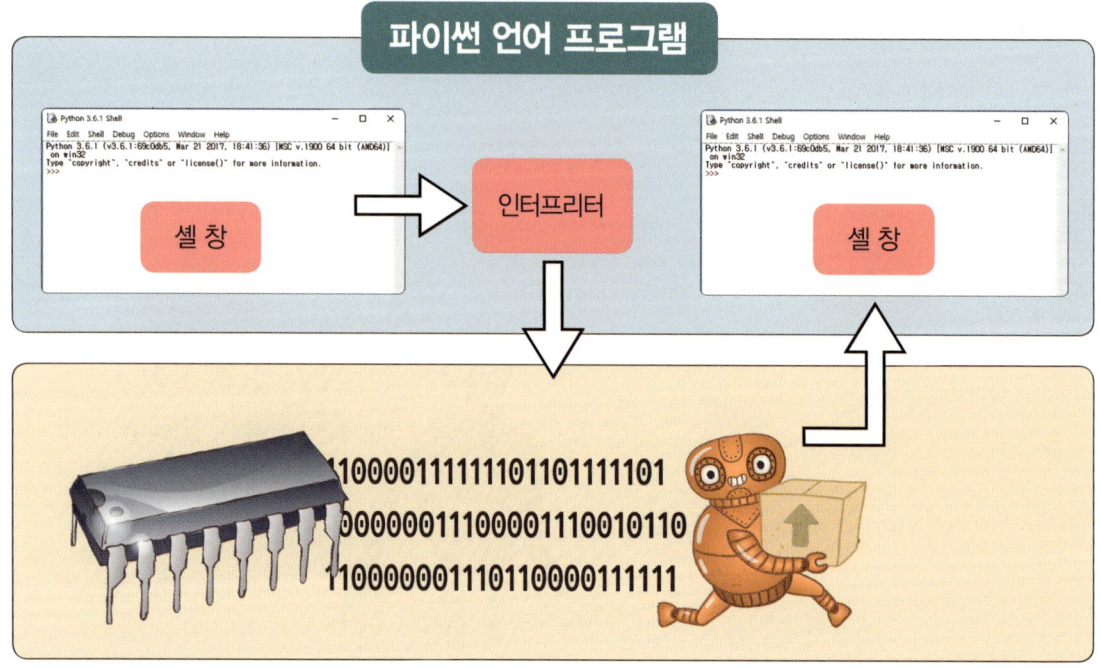

PROGRAMMING

우리는 사용자 인터페이스인 셸 창에서 명령문을 입력하고 실행시킵니다. 그러면 컴퓨터 내부에서는 인터프리터가 그 명령문을 컴퓨터가 알아듣는 0과 1로 해독해서 작업을 시킵니다.

작업이 모두 끝나면 그 결과는 다시 사용자 인터페이스인 셸 창에 표시됩니다.

요점 정리

- '〉〉〉' 기호는 파이썬 프롬프트(prompt)라고 하며, 프롬프트가 표시되면 명령문을 입력할 수 있습니다.
- 따옴표 내에 기술된 글자들을 파이썬에서는 '문자열(string)'이라고 합니다.
- 명령문을 작성하는 작업을 '코딩(coding)'이라고 합니다.
- '통합개발환경(IDLE)'을 사용하면 셸 창에서 작업할 수 있습니다.
- 셸(Shell) 창은 인터페이스(Interface)라고도 하며, 사용자와 프로그램이 대화하는 창입니다.
- 인터프리터(Interpreter)는 명령문을 해독해서 컴퓨터가 알아듣는 1과 0으로 변환합니다.

'변수'와 '할당 연산자'부터 알아두면 쉬워져요

프로그래밍을 처음 배울 때 제일 먼저 알아두어야 할 것이 '변수'와 '할당 연산자'라는 기능입니다.

다음 코드를 보세요.

```
>>> 5400*11
59400
>>>
```

'5400*11'에 사용된 '*' 기호는 곱셈 연산자입니다. 파이썬에게 곱셈 명령을 내려서 결과가 출력되었습니다. 하지만 이게 무슨 계산을 하고 있는지 전혀 알 수 없네요. 계산의 의미를 파악하려면 설명을 들어야 합니다. 다시 말해서 현재의 수식만으로는 그 의미를 파악하기가 어렵습니다.

변수는 숫자나 문자에 이름을 할당해요

이제 계속해서 다음과 같이 입력해 보세요.

```
>>> price=5400
>>> count=11
```

PROGRAMMING

```
>>> price*count
59400
>>>
```

이전과 똑같은 계산인데 이번에는 'price', 'count'와 같은 영어 단어를 사용해 '가격'과 '개수'와 같은 의미를 빠르게 파악할 수 있습니다. 여기서 사용된 '=' 기호를 할당 연산자(assignment operator)라고 합니다. 할당 연산자는 '이름을 할당'하는 역할을 합니다. 앞의 코드는 다음과 같은 의미입니다.

> price라는 이름에 숫자 5400을 할당했습니다.
> count라는 이름에 숫자 11을 할당했습니다.

단순한 숫자 대신에 의미를 알 수 있는 이름들로 계산을 했기 때문에 누가 봐도 이해하기 쉬울 것입니다.
계속해서 다음의 코드를 입력해 보세요.

> **참고하세요**
> 수학에서는 '=' 기호가 '같다'는 의미로 사용되지만 프로그래밍에서는 '할당 연산자'입니다.
> 나중에 보겠지만 프로그래밍에서 '같다'는 '==' 기호를 사용합니다.

```
>>> price=1000
>>> count=5
>>> price*count
5000
>>>
```

이번에는 price라는 이름에 1000을 할당하고 count라는 이름에는 5를 할당했습니다. 즉 price와 count의 값이 변했으며 곱셈 결과는 5000이 됩니다.
이렇게 이름에 할당되는 값이 변할 수 있습니다. 그래서 price와 count와 같은 이름을 '변수(variable)'라고 합니다.

이제 계속해서 다음과 같이 코드를 입력해 보세요.

```
>>> total=price*count
>>> total
5000
>>>
```

price 변수와 count 변수를 곱해서 그 결과 값을 total 변수에 할당했습니다.
그리고 total 변수의 값을 출력해보니 올바로 계산되었습니다.
여기서는 우리는 다음과 같은 사실을 알 수 있습니다.

> 할당 연산자(=) 오른쪽에 수식이 기술되면
> 먼저 오른쪽의 수식부터 계산이 되고,
> 그 계산 결과가 왼쪽의 변수에 할당됩니다.

변수에 단순히 '숫자값'을 할당할 때는 다음과 같은 순서로 처리됩니다.

```
>>> price=1000
```

1. price=1000

2. price=1000

먼저 컴퓨터 메모리에 숫자 1000이 만들어집니다.

이후 price라는 변수에 숫자 1000이 할당됩니다.

변수에 '수식'을 할당할 때는 다음과 같은 순서로 처리됩니다.

>>> total=1000*5
>>> total
5000

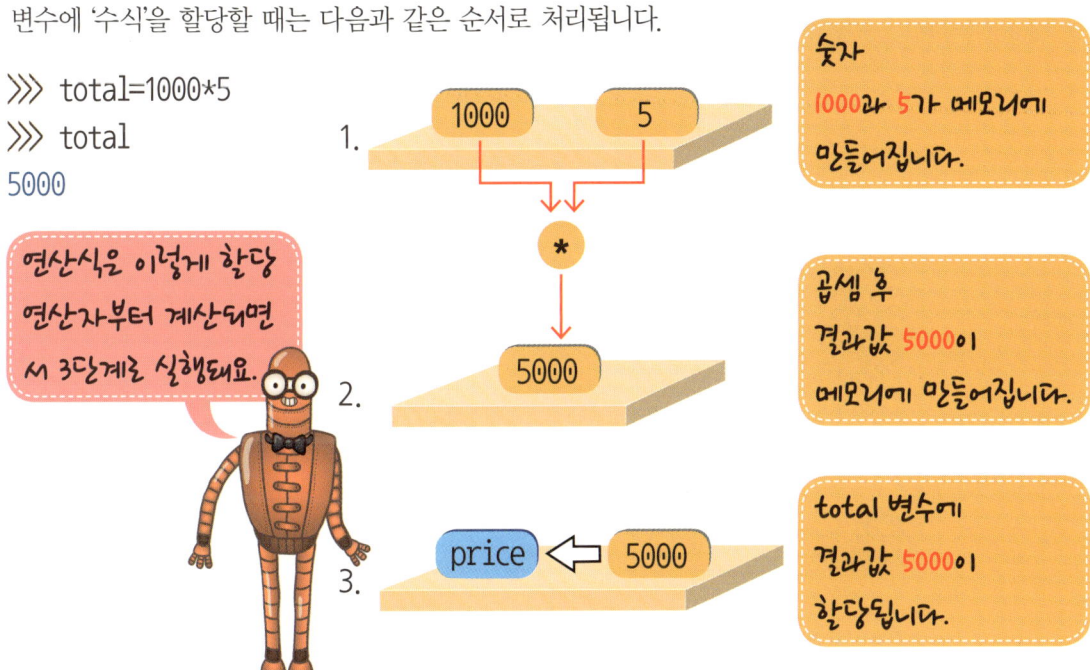

변수를 완전 정복해요

변수의 역할을 좀 더 확실히 이해하기 위해 하나 더 작성해 봅시다. 아래 코드를 잘 보면 i 변수의 값이 1씩 증가하고 있습니다. i 변수의 값이 처음에는 0입니다. 이후 i 변수에 1을 계속 더하고 있습니다.

```
>>> i=0
>>> i
0
>>> i=i+1
>>> i
1
```

```
>>> i=i+1
>>> i
2
>>> i=i+1
>>> i
3
>>> i=i+1
>>> i
4
>>>
```

'i=i+1'이라는 식의 의미를 확실히 이해하면 변수를 완벽하게 이해했다고 해도 좋습니다. 그러면 프로그래밍 기초의 절반은 정복(약간의 과장을 더해서) 했다고 말할 수 있답니다. 서둘지 말고 천천히 읽으면서 식의 의미를 따져보세요.

이 식은 다음과 같이 실행되어 i 변수의 값을 1씩 증가시킵니다.

❶ 먼저 'i=0'이라는 연산문에 의해 i 변수에 0이 할당됩니다.
❷ 이제 'i=i+1'이라는 연산문을 봅시다.
❸ '=' 연산자 오른쪽의 'i+1' 부분이 먼저 실행됩니다.
❹ i라는 이름이 붙은 데이터를 찾습니다.
❺ i를 찾아보니 0입니다.
❻ 그 0을 가져옵니다.
❼ 0과 1을 더합니다.
❽ 계산 결과는 1이 됩니다.
❾ 결국 식은 'i=i+1'에서 'i=0+1'이 되었다가 'i=1'이 된 겁니다.
❿ 그래서 i가 1로 변한 것이지요.

계속해서 두 번째 'i=i+1' 연산문을 살펴 보세요. 이번에는 i 변수를 찾아가 보면 1 입니다. 그래서 '+' 연산자 오른쪽의 식은 '1+1'이 되고, 결과는 2가 되어 'i=2'가 됩니다. 이렇게 i 변수의 값은 2가 되고 3이 되어 계속 반복하면서 i 변수의 값은 자꾸 1씩 증가하지요.

변수에 숫자만 할당할 수 있는 것은 아닙니다. 다음과 같이 영어, 한글, 특수 문자 등의 문자열도 할당할 수 있습니다. 단, 문자열은 따옴표 내에 기술해야 합니다.

```
>>> name="이정우"
>>> name
'이정우'
>>> city="Seoul"
>>> city
```

> **참고하세요**
>
> 프로그램에서 사용되는 5, 1000과 같은 숫자 값이나 '이정우', 'Seoul'과 같은 문자열 값은 '상수(constant)'라고 합니다. 프로그램이 실행되는 동안 그 값이 변하지 않기 때문에 '항상 같은 수'라는 의미에서 상수라고 합니다.

```
'Seoul'
>>> password="1234%&#"
>>> password
'1234%&#'
>>>
```

문자열은 숫자와 달리 출력될 때 작은따옴표 내에 표시됩니다. 우리가 입력할 때도 큰따옴표가 아닌 작은따옴표를 사용해도 됩니다.

변수 이름을 만드는 규칙이 있어요

변수는 필요한 만큼 얼마든지 많이 만들어서 사용할 수 있습니다. 변수 이름은 마음대로 지어도 되지만 다음과 같은 규칙을 지켜야 합니다.

❶ 변수 이름의 첫 글자는 반드시 영문자이거나 밑줄(_)이어야 합니다. 변수 이름에 한글도 사용할 수는 있으나 좋은 방법이 아닙니다. 국제 표준에 맞춰 이름을 지어 봅시다.
   (예) num(o), _num(o), 10num(x), 남자num(비추천)
❷ 첫 글자 뒤에는 영문자, 숫자, 밑줄(_)을 사용할 수 있습니다.
   (예) num5(o), num_5(o)
❸ 변수 이름은 관습적으로 소문자로 기술하며 대문자와 소문자를 구분합니다. 따라서 name과 Name은 다른 변수입니다.
❹ 변수 이름이 2개 이상의 단어로 구성될 때는 대개 myBook과 같이 두번째 단어의 첫 글자를 대문자로 사용하거나 my_book과 같이 밑줄(_)로 연결합니다.
❺ 변수 이름의 길이는 제약이 없으며, 가능한 한 내용을 짐작할 수 있는 의미 있는 이름을 사용합니다.

PROGRAMMING

❻ 아래와 같이 파이썬 언어 내부에 명령문이나 연산자 등으로 이미 등록되어 있는 예약어(Reserved Word)들은 변수 이름으로 사용할 수 없습니다.

and	as	assert	break	class
continue	def	del	elif	else
except	finally	for	from	global
if	import	in	is	lambda
nonlocal	not	or	pass	raise
return	try	while	with	yield
True	False	None		

> 변수 이름은 마음대로 지어도 됩니다. 하지만 예약어들은 파이썬에 미리 등록된 단어이므로 오타에 주의하며 사용해야 합니다.

모든 프로그래밍 언어들은 이렇게 미리 약속된 단어들을 가지고 있습니다. 단어의 용도가 이미 예약되어 있다는 의미에서 '예약어'라고도 하고, 중요한 단어라는 의미에서 '키워드(Keyword)'라고도 합니다. 앞으로 파이썬 학습을 하면서 이 예약어들을 하나씩 사용하게 될 것입니다.

사실 우리가 일상에서 사용하는 자연어들도 일종의 약속입니다. 우리는 지금 컴퓨터 세계를 탐험하기 위해 그 세계에서 사용할 수 있는 언어 중에 '파이썬'이라는 언어를 배우고 있는 것입니다. 그래야 컴퓨터에게 파이썬으로 명령을 내려 일을 시킬 수 있을테니까요.

> 'Love'가 왜 "사랑"이냐고 물으신다면?

> 그건 "약속이지!" 파이썬에도 그런 약속이 있어. 우린 그 약속을 배우고 있는거야.

요점 정리

- '*' 기호는 곱셈 연산자입니다.
- 숫자나 문자열에 의미 있는 이름을 할당할 수 있으며, 그 이름을 변수라고 합니다.
- 변수에 값을 할당할 때는 할당 연산자인 '=' 연산자를 사용합니다.
- 변수에 할당되는 값은 변할 수 있습니다.
- 변수 이름을 만드는 몇 가지 규칙이 있습니다.
- 파이썬 내부에 의미가 약속되어 있는 되어 있는 단어들을 예약어 또는 키워드라고 합니다.

PROGRAMMING

영어에는 문장의 5형식이 있다면, 파이썬은 명령문의 4형식이 있어요

모든 프로그래밍 언어는 컴퓨터에게 작업을 지시하기 위해서 그 언어 고유의 '명령문'을 사용합니다. 프로그래밍 언어에 따라 '명령문(instruction)'을 '문장'이나 '문(statement)', '명령어(command)' 등으로 부르기도 합니다.

파이썬에서는 다음과 같은 4가지 형식의 명령문을 사용합니다.

- 연산문
- 함수
- 메소드
- 일반 명령문

영문법에 문장의 5형식이 있듯이 파이썬도 명령문의 4가지 형식이 있답니다. 이 명령문 형식들을 하나씩 살펴봅시다.

파이썬 명령문 1형식 : 연산문

연산문은 +(덧셈), -(뺄셈), *(곱셈), /(나눗셈) 또는 =(할당)과 같은 연산자를 사용하여 작업을 지시합니다. 우리는 앞에서 숫자, 변수와 같은 데이터와 연산자를 혼합해서 다음과 같이 연산문을 입력해 보았습니다.

```
>>> 5400*11
59400
>>> price=5400
>>> count=11
>>> total=price*count
>>> total
59400
>>>
```

앞에서는 정수만으로 연산을 했으나, 다음과 같이 소수점이 있는 실수를 사용할 수도 있습니다.

```
>>> value=5.45
>>> rate=0.23
>>> result=value*rate
>>> result
1.2535
>>>
```

연산문은 가장 간단하고, 가장 많이 사용하는 명령문 형식입니다.
우리가 일상에서 사용하는 연산식과 거의 비슷한 식을 사용합니다.

PROGRAMMING

파이썬 명령문 2형식 : 함수

앞에서 사용했던 print( ) 명령문이 바로 함수입니다. 연습 삼아 print 함수 이외에 다른 함수들을 몇 개 더 입력해 봅시다.

```
>>> int(5.678)     ← 정수로 변환하는 함수
5
>>> float(5)       ← 실수로 변환하는 함수
5.0
>>> abs(-5)        ← 절댓값을 구하는 함수
5
>>>
```

제일 뒤에 괄호가 있어.

위 코드에서는 int 함수, float 함수, abs 함수 등 3개의 함수를 사용해서 숫자들에 대한 작업을 했습니다. 또 다른 함수를 몇 개 더 살펴 봅시다.

```
>>> len("abcde")
5
>>> max(1, 2, 3)
3
>>> min(10, -20, 30)
-20
>>> pow(2, 3)
8
```

len 함수는 문자열의 문자의 수, max 함수는 제일 큰 값을, min 함수는 제일 작은 값을 알려줍니다. pow 함수는 지수승 값을 알려줍니다. 지금까지 제시된 함수들 외

에도 다양한 많은 함수가 있습니다.

함수(function)가 무엇인지는 뒤에서 자세히 배우게 될 것입니다. 여기에서는 단순히 다음과 같은 형식으로 기술하는 명령문이 함수라는 것만 기억해 두세요.

사용 예	`print("hi")`
	`int(5.678)`

형 식	함수(인수)

함수는 항상 함수 이름 뒤에 괄호( )를 기술하고, 그 괄호 안에 '인수'를 기술합니다.

'인수'는 함수가 처리할 '숫자, 문자열, 변수 등의 데이터'를 의미합니다.

파이썬 명령문 3형식 : 메소드

다음과 같이 코드를 입력해보세요.

```
>>> "abc".upper()    ← 대문자로 변환하는 메소드
'ABC'
>>> "ABC".lower()    ← 소문자로 변환하는 메소드
'abc'
>>>
```

점(.)도 있고 괄호도 있어.

앞의 코드는 문자열 'abc'를 upper 메소드를 사용해서 대문자로 변환했습니다. 또한 문자열 'ABC'를 lower 메소드를 사용해서 소문자로 변환했습니다.

문자를 변환하는 메소드의 예를 더 살펴보면 다음과 같습니다.

```
>>> "happy school".title()
'Happy School'
>>> "happy school".capitalize()
'Happy school'
>>>
```

title 메소드는 공백으로 구분된 각 단어의 첫글자를 대문자로 변환하고 capitalize 메소드는 제일 첫번째 문자만 대문자로 변환합니다.

메소드(method)는 데이터를 기술하고 그 뒤에 점을 찍은 후, 메소드 이름을 기술하고 괄호를 기술합니다.

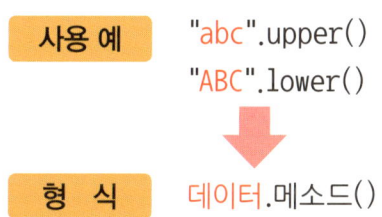

사용 예	"abc".upper() "ABC".lower()
형 식	데이터.메소드()

여기서는 데이터 뒤에 점을 찍고 메소드를 기술했습니다. 그러나 '데이터' 위치에 '모듈 이름'을 기술할 수도 있습니다. 모듈에 대해서는 잠시 후에 배울 것입니다.

여기서는 xxx.yyy( ) 형식의 명령문이 있으며 yyy( ) 부분을 메소드라고 한다는 것만 기억해 두세요. 메소드도 여기서 보여 드린 2개의 메소드 이외에 더 많은 메소드가 있습니다.

참고하세요
괄호 안에 인수를 기술해야 하는 메소드도 있습니다. 앞으로 학습을 하면서 자연스럽게 다양한 메소드의 예를 보게 될 것입니다.

파이썬 명령문 4형식 : 일반 명령문

앞의 3가지 명령문 형식을 제외한 나머지 명령문들은 모두 일반 명령문에 속합니다. 일반 명령문에는 'if, for, def'와 같은 '조건문, 반복문, 선언문' 등이 있습니다.

아직 배울 단계는 아니지만 반복문을 하나 실습해 보겠습니다. 아래 코드를 실행한 결과, 0에서 4까지의 숫자를 1개 라인에 1개씩 출력합니다.

코드 첫번째 라인은 ':' 문자로 끝난다는 것을 주의해야 하며 첫번째 라인 끝에 ':' 문자를 입력하고 엔터 키를 누르면 그 다음 라인의 코드는 자동으로 오른쪽으로 4칸 들어간 위치부터 입력됩니다. 코드의 두번째 라인을 입력한 후에는 엔터 키를 두번 누르세요.

그러면 실행 결과가 표시됩니다.

```
>>> for x in range(5):
        print(x)

0
1
2
3
4
>>>
```

위 코드에서 숫자 5를 다른 숫자로 바꾸어서 테스트해 보세요.
반복문은 뒤에서 자세히 살펴볼 것입니다.

> **참고하세요**
>
> 필자가 앞서 말한 4가지 명령문 형식은 파이썬의 공식적인 명령문 분류는 아닙니다. 필자 나름대로 설명을 위해 분류한 것입니다. 이렇게 명령문의 종류와 형식을 분류해두면 코딩이 한결 쉽게 느껴집니다.

요점 정리

- 프로그래밍 언어는 컴퓨터에게 작업을 지시하기 위해서 그 언어 고유의 '명령문'을 사용합니다
- 명령문(instruction)을 '문장'이나 '문(statement)', '명령어(command)' 등으로 부르기도 합니다.
- 파이썬에서는 '연산문, 함수, 메소드, 일반 명령문' 등 4가지 형식의 명령문을 사용합니다.
- 연산문은 +(덧셈), -(뺄셈), *(곱셈), /(나눗셈) 또는 =(할당)과 같은 연산자를 사용합니다.
- 함수는 '함수(인수)' 형식으로 사용합니다.
- 메소드는 '데이터.메소드' 형식으로 사용합니다.
- 일반 명령문은 '조건문, 반복문, 선언문' 등이 있습니다.

지금까지 우리는 다음과 같이 셸(Shell) 창에서 명령문을 입력했습니다. 그런데 셸 창은 약간 문제가 있어요.

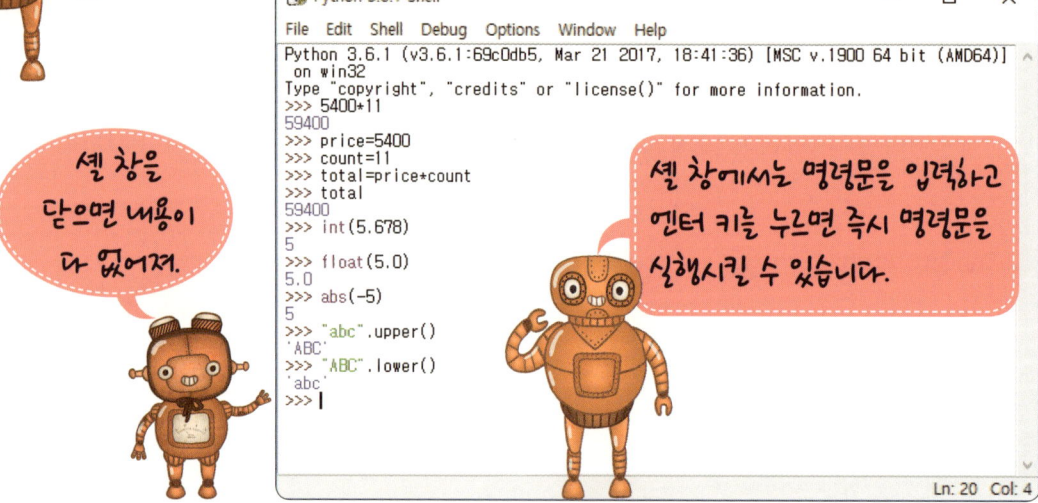

셸 창은 파이썬과 우리가 대화하는 창입니다

파이썬은 '명령을 실행할 준비가 되었다'는 신호로 프롬프트(>>>)를 표시합니다. 그렇게 프롬프트가 표시되면 우리는 명령문을 입력하고 엔터 키를 눌러 파이썬에게 실행을 지시합니다.

마치 대화하듯이 우리는 명령문을 입력하고, 파이썬은 명령문을 실행한 후 결과를 출력하면서 작업을 합니다. 하지만 셸 창을 닫으면 그동안 작업했던 모든 내용이 없어집니다. 아무리 길게 코딩했어도, 아무리 중요한 코드라도 셸 창을 닫는 순간 모두 사라지고 복구할 수 없게 됩니다.

서둘러 다시 셸 창을 실행시켜도 모든 것이 새로 시작됩니다. 이런 대화식 코딩은 명령문의 결과를 바로 확인하기에는 아주 좋습니다.

그러나 본격적으로 프로그래밍 작업을 시작하면 당연히 명령문이 많아지고, 코딩이 길어집니다. 오랫동안 코딩한 많은 내용을 셸 창을 닫으면서 몽땅 사라지게 할 수는 없습니다. 나중에 다시 사용할 수 있도록 코딩한 내용을 그대로 파일에 저장해두어야 합니다. 이때 사용하는 것이 코딩 파일입니다.

코딩 파일을 사용하는 방법을 알아보아요

1 셸 창에서 [File]-[New File] 메뉴를 클릭합니다.

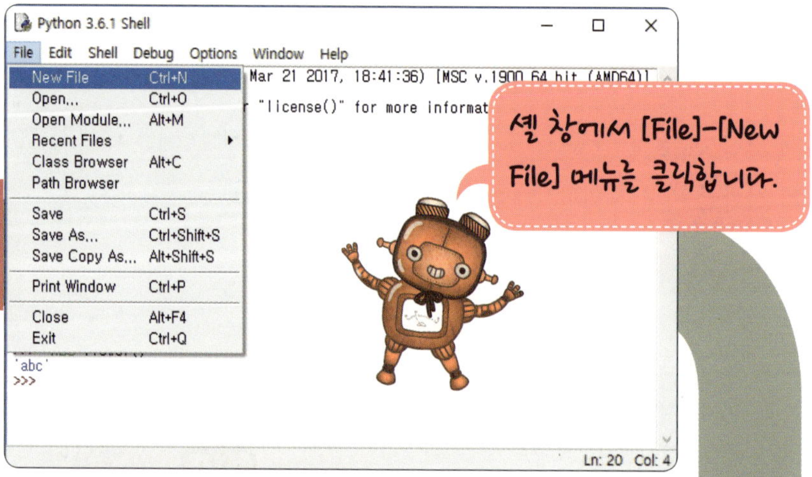

2 이렇게 코드 창이 추가로 표시됩니다. 여기에 명령문을 입력하세요.

3 틀리지 않게 천천히 코딩하세요. 엔터 키를 누르면 다음 줄로 넘어갑니다.

```
print("Hi!")
print("Welcome!")

price=1000
count=5

total=price+count
print(total)
```

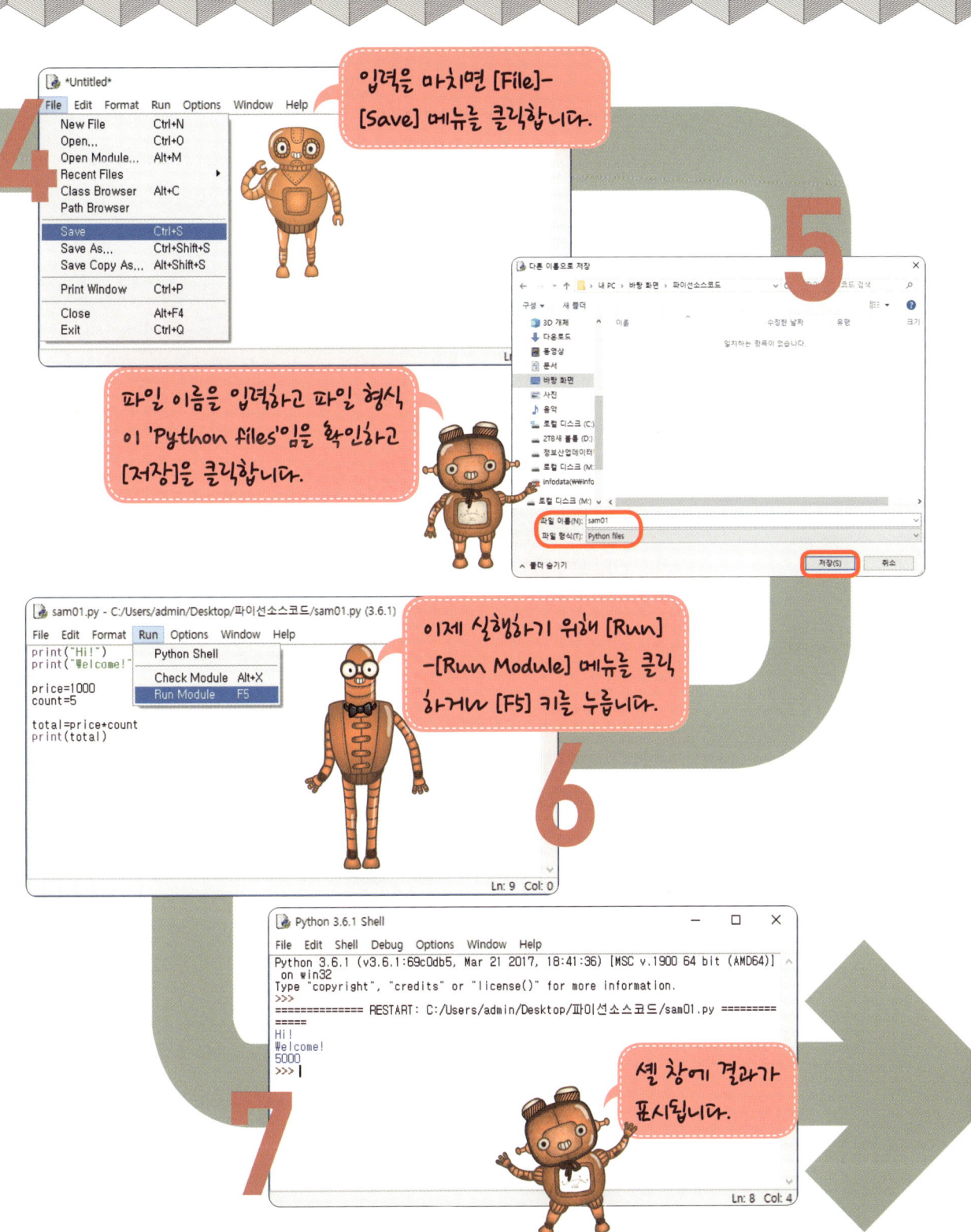

이제 코드 창과 셸 창을 닫고 모든 파이썬 작업을 끝내세요. 그리고 처음부터 다시 'IDLE (Python 3.6 64-bit)'를 클릭해서 셸 창을 열고, [File]-[Open] 메뉴를 클릭해서 이전에 저장해둔 'sam01.py' 파일을 부릅니다. 이후 다음과 같이 작업합니다.

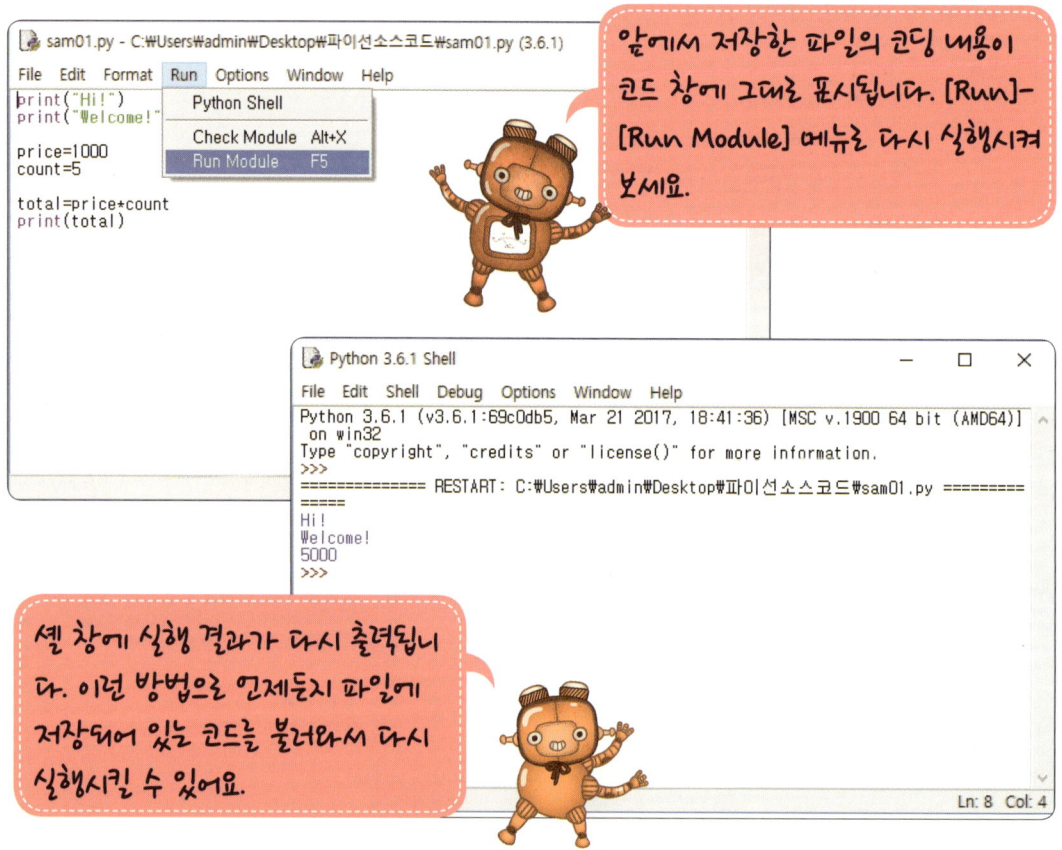

앞에서 저장한 파일의 코딩 내용이 코드 창에 그대로 표시됩니다. [Run]-[Run Module] 메뉴로 다시 실행시켜 보세요.

셸 창에 실행 결과가 다시 출력됩니다. 이런 방법으로 언제든지 파일에 저장되어 있는 코드를 불러와서 다시 실행시킬 수 있어요.

우리는 앞으로 필요에 따라 셸 창과 코드 창을 적절히 번갈아 가며 사용할 것입니다. 코드 창은 코드를 입력, 저장, 수정 또는 실행하는 용도로 사용하며 실행 결과는 셸 창에 표시합니다. 학습을 진행할수록 코딩 내용이 길어지고, 구조적으로 복잡해 집니다. 그러면 자연스럽게 코드 창에서 입력한 후, 입력한 코드를 파일로 저장하면서 작업하게 됩니다.

파이썬 코딩 파일은 파일 확장자가 '.py'입니다.

코딩에도 간단한 맞춤법이 있어요

파이썬 명령문을 입력하는 작업 즉, 코딩은 셸 창에서 할 수도 있고, 코드 창에서 할 수도 있습니다. 어디에서 코딩을 하던 간에 파이썬 코딩에는 다음과 같은 약간의 규칙이 있습니다.

❶ 명령문은 소문자로 입력합니다.

❷ 제일 앞의 들여쓰기는 조심해야 합니다.

```
>>> 100*10
```

프롬프트 다음에 1칸 들여쓰기를 한 명령문은 에러가 발생했지요. 파이썬에서는 들여쓰기(만입)가 문법적으로 중요한 의미가 있습니다. 그래서 의미 없이 들여쓰기를 하면 에러가 발생하지요. 언제 늘여쓰기를 해야 하는지는 차차 경험하게 될 겁니다.

❸ 주석(comment)을 기술할 수 있습니다.

주석은 '#' 문자 뒤에 기술합니다. 주석은 프로그램의 실행과는 전혀 관련이 없습니다. 자기가 작성한 코드라도 오래 지나면 코드의 의미가 생각나지 않을 수 있습니다.

또한 다른 사람이 이 코드를 보았을 때 무슨 작업을 하는 것인지 쉽게 이해할 수 있도록 설명을 기술해 둘 필요가 있습니다. 그렇게 코드에 대한 설명이나 관리를 위해 참고 사항을 기술할 수 있으며, 이를 '주석(comment)'이라고 합니다.
주석은 1개의 독립된 라인으로 기술해도 되고, 명령 뒤에 이어서 기술해도 됩니다.

요점 정리

- 파이썬 명령문 코딩은 셸 창에서 할 수도 있고, 코드 창에서 할 수도 있습니다.
- 코딩한 내용을 다시 사용하려면 코딩 파일에 저장해 두어야 합니다.
- 파이썬의 코딩 파일은 확장자가 '.py'입니다.
- 코딩을 할 때는 코딩 규칙을 지켜야 합니다.
- 명령문은 소문자로 입력해야 합니다.
- 들여쓰기에 유의해야 합니다.
- 주석을 사용하면 코드에 대한 설명이나 메모를 기술할 수 있습니다.
- 주석은 '#' 문자 뒤에 기술해야 합니다.

코딩을 하면서 자주 사용하기 때문에 이쯤에서 먼저 익혀두면 도움이 되는 3개의 명령문이 있습니다. 바로 입력, 출력에 관한 명령문과 파이썬의 기본 기능을 확장시켜 주는 명령문입니다.

input 함수는 키보드에서 데이터를 받아들입니다

프로그램에서 사용하는 값들 즉, 숫자나 문자열은 변수에 할당해 놓고 사용할 수 있습니다. 할당 연산자인 '='를 사용해서 다음과 같이 변수에 값을 할당하고 계산해 봅시다.

▶ sam02.py
```
price=10000
count=5
total=price*count
print(total)
```

실행 결과
```
50000
>>>
```

앞의 코드는 'sam02.py'를 실행할 때마다 price 변수는 항상 10000이고, count 변수는 항상 5입니다.

하지만 다음의 코드처럼 input 함수를 사용하면 프로그램을 실행할 때마다 price 변수와 count 변수의 값을 키보드에서 맘대로 입력할 수도 있습니다.

[F5] 키를 눌러 코드를 실행시키면 input 함수에 기술한 메시지가 출력됩니다.
그 메시지 뒤에서 키보드로 값을 입력한 후 엔터 키를 누르세요.

▶ sam03.py

```python
price=input("가격을 입력하세요 : ") #01
price=int(price) #02
count=input("개수를 입력하세요 : ") #03
count=int(count) #04
total=price*count #05
print(total) #06
```

실행 결과

```
가격을 입력하세요 : 10000
개수를 입력하세요 : 5
50000
>>>
```

코드 해설

01, 03 라인에서 사용한 input 함수는 따옴표 안에 기술된 메시지를 출력한 후, 사용자가 입력하는 값을 받아들여 변수에 할당하는 역할을 합니다.
그런데 input 함수는 모든 입력되는 값을 문자열로 받아들입니다.
따라서 우리가 키보드에서 10000, 5와 같은 숫자를 입력해도 price와 count 변수에 있는 값은 문자열로 인식

참고하세요

필자는 코드를 설명할 때 명령문을 구분하기 위해 #01, #02와 같이 라인 번호를 기술하고 있습니다.
#로 시작되는 라인 번호는 주석이라는 것 기억하시죠? 주석은 설명을 위한 메모일 뿐 명령문과는 전혀 상관이 없어 실행에 영향을 미치지 않습니다.

되어 연산이 불가능한 상태가 됩니다. 그래서 02, 04 라인이 필요합니다. int 함수는 문자열이나 실수를 정수로 변환하는 함수이지요. 01-04 라인을 다음과 같이 2개 라인으로 줄여서 기술해도 됩니다.('sam04.py')

```python
price=input("가격을 입력하세요 : ") #01
price=int(price) #02
count=input("개수를 입력하세요 : ") #03
count=int(count) #04
```

```python
price=int(input("가격을 입력하세요 : "))
count=int(input("개수를 입력하세요 : "))
```

이렇게 괄호를 중복해서 기술하면 안쪽 괄호의 명령문이 먼저 실행되고 나서, 바깥쪽 괄호의 명령문이 실행됩니다. 따라서 위의 코드는 input 함수로 값을 받아들인 후, 그 값에 대해 int 함수가 실행되어 정수로 변환합니다.

print 함수로 폼을 잡아서 출력해봐요

연산도 중요하지만 연산의 결과도 제대로 폼(Form)을 갖추어서 출력해야 합니다. 앞서 우리는 총액을 출력할 때 그냥 숫자만 출력했지요. 'sam05.py'를 실행시켜 보세요. 다음과 같이 출력됩니다.

```
가격을 입력하세요 : 10000
개수를 입력하세요 : 5

가격 : 10000
개수 : 5
총액 : 50000
>>>
```

가격과 개수를 입력 받기 위한 메시지가 출력된 후, 1개의 공백 라인이 있고, 그 다음에 '가격, 개수, 총액'이 3개 라인에 폼나게 출력되었습니다. 이것은 다음과 같이 print 함수를 4개 기술했기 때문입니다.

```
print()
print("가격 : ", price)
print("개수 : ", count)
print("총액 : ", total)
```

괄호 안에 아무 것도 기술하지 않고 그냥 print( )를 기술하면 빈 라인이 출력됩니다. 따옴표 안에 기술된 글자들은 그대로 출력되고 변수들은 그 변수에 할당된 값이 출력되지요. 이번에는 'sam06.py'를 실행시켜 보세요. 다음과 같이 출력됩니다.

```
가격을 입력하세요 : 10000
```

```
개수를 입력하세요 : 5

가격 : 10000   개수 : 5   총액 : 50000
>>>
```

가격, 개수, 총액이 한 개 라인에 출력됩니다. 이것은 print 함수를 다음과 같이 기술했기 때문입니다.

```
print()
print("가격 :", price, "개수 :", count, "총액 :", total)
```

이제 'sam07.py'를 실행시켜 보세요.

```
가격을 입력하세요 : 10000
개수를 입력하세요 : 5

==============
가격 : 10000
개수 : 5
총액 : 50000
==============
>>>
```

'=' 기호로 라인이 그려졌습니다. 이 출력을 위한 코드는 다음과 같습니다.

```
print()
print("==============")   #01
```

```
print("가격 :", price)
print("개수 :", count)
print("총액 :", total)
print("="*14) #02 문자열을 곱셈
```

01 라인에서는 따옴표 안에 '=' 기호를 14개 입력했습니다. 그러나 02 라인에서는 '=' 기호에 14를 곱했습니다. 이와 같이 반복되는 긴 문자열을 02 라인과 같이 간단히 만들 수 있습니다.

이 코드는 문자열로 곱셈을 할 수 있다는 것을 보여주고 있습니다.

다음의 'sam08.py'를 실행시켜 보세요. 이 코드는 덧셈 연산자로 문자열들을 연결하고 있습니다.

실행 결과

```
이름을 입력하세요 : 이병재
안녕하세요! 반가워요! 이병재씨
>>>
```

PYTHON

▶ sam08.py

```python
name=input("이름을 입력하세요 : ")  #01 문자열을 입력받음
word1="안녕하세요!"  #02 변수에 문자열을 할당함
word2="반가워요!"  #03 변수에 문자열을 할당함
print(word1+" "+word2+" "+name +"씨")  #04 문자열을 연결함
```

🖥 코드 해설

01 라인에서는 문자열인 이름을 입력 받아 name 변수에 할당합니다. input 함수는 사용자가 키보드에서 입력하는 모든 값을 문자열로 받아들인다고 했지요? 그래서 사용자가 가격이나 개수와 같은 정수를 입력하면 정수로 변환하기 위해서 int 함수를 사용해야 합니다. 하지만 지금은 사람의 이름을 즉, 문자열을 입력했기 때문에 int 함수를 사용하지 않습니다.

02 라인과 03 라인에서는 변수에 문자열을 할당하고 있습니다.

04 라인에서는 '+' 연산자로 문자열을 모두 연결하여 출력합니다. 중간에 사용한 " " 문자는 공백을 위한 문자입니다. 문자열 사이에 빈칸을 삽입하기 위해서 공백 문자를 삽입했고, 이름 뒤에 '씨'를 붙이기 위해 제일 뒤에는 '씨'를 연결했습니다.

import는 그림 그리는 거북이를 불러와요

자동차를 살 때 기본형을 살 수도 있고 이런저런 옵션을 추가해서 고급형을 살 수도 있답니다. 파이썬도 기본형 파이썬을 사용할 수도 있고, 옵션을 추가해서 고급형 파이썬을 사용할 수도 있습니다. 'sam09.py'를 불러와서 실행시켜 보세요.

갑자기 거북이는 뭐고, 옵션은 뭐야?

난 그림을 그리는 파이썬 화가

'Python Turtle Graphics' 창이 뜨면서 4각형이 그려집니다.

▶ sam09.py

```python
import turtle #01 turtle 모듈을 가져옴

turtle.shape("turtle") #02 거북이 모양으로 지정
turtle.speed(1) #03 그려지는 속도를 지정
turtle.pensize(5) #04 선의 굵기를 지정

turtle.forward(100) #05 앞쪽으로 100 픽셀 이동
turtle.right(90) #06 오른쪽으로 90도 회전

turtle.forward(100)
turtle.right(90)

turtle.forward(100)
turtle.right(90)

turtle.forward(100)
turtle.right(90))
```

🖳 코드 해설

01 라인에는 'import turtle'이라는 특별한 명령문이 있으며 이는 다음과 같은 의미입니다.

'turtle'이라는 추가 프로그램(모듈; module)을 가져와서(import) 내 프로그램에서 사용할 수 있게 해주세요!'

다음과 같이 01 라인 앞에 '#' 기호를 추가해서 주석 처리하고 코드를 저장한 후 다시 실행시켜 보세요.

```
#import turtle
```

import 문이 없으면 다음과 같이 에러가 발생합니다.

```
Traceback (most recent call last):
    File "C:\Users\ilsan\Desktop\파이썬소스코드\sam09.py", line 3, in <module>
        turtle.shape("turtle") #02 거북이 모양으로 지정
NameError: name 'turtle' is not defined
>>>
```

turtle 모듈은 파이썬이 추가로 제공하는 기능(프로그램)입니다. 파이썬의 기본 기능으로 부족하면 이렇게 import 문으로 옵션 기능을 신청할 수 있는 것입니다. 모듈을 import한 후에는 '모듈이름.메소드( )' 형식의 메소드를 사용할 수 있습니다. import 되는 모듈마다 사용할 수 있는 메소드가 정해져 있어요.

02 라인에서는 거북이 모양을 지정합니다. 이 라인이 없으면 거북이 대신 작은 삼각 기호가 표시됩니다. 'turtle' 대신 'triangle'을 기술하면 좀 큰 삼각형이 표시되며, 'circle'을 기술하면 동그라미가 표시됩니다.

03 라인은 그려지는 속도를 지정합니다. 속도는 1(느림)에서 10(빠름)까지 지정할 수

있으며, 0을 지정하면 제일 빠릅니다. 이 라인이 없으면 보통의 속도로 그려집니다.
04 라인은 그려지는 선의 굵기, 05 라인은 앞으로 이동하는 거리를 픽셀 단위로 지정합니다. 만약, backward 메소드를 사용하면 뒤로 이동할 수 있습니다.
06 라인은 오른쪽으로 회전하는 각도를 지정하며 만약, left 메소드를 사용하면 왼쪽으로 회전합니다.

> **참고하세요**
>
> 터틀 그래픽에서 사용할 수 있는 메소드들은 수십 개가 있습니다. 필자는 가끔 명령문의 실행 원리를 보여주기 위해 이 터틀 그래픽을 사용할 것입니다. 그리고 그때그때 필요한 메소드를 설명할 것입니다. 터틀 그래픽이 신기해 보이지만 파이썬의 기초 교육을 쉽게 하기 위해 제공된 보조 모듈이므로 이 기능 자체에 너무 집중하지는 마세요.
> 다음 주소를 방문하면 터틀에 대한 자세한 정보를 얻을 수 있습니다.
> https://docs.python.org/3/library/turtle.html

자동 달력을 만드는 프로그램

앞서 배운 import 문으로 'calendar'라는 모듈을 불러오면 아주 간단하게 원하는 달력을 만들 수 있습니다. import 문의 위력을 한번 더 느끼실 수 있을 겁니다.

▶ sam10.py

```
yr=int(input("년도를 입력하세요 : ")) #01 년도를 입력 받음
mt=int(input("월을 입력하세요 : ")) #02 월을 입력 받음
print() #03 메시지 뒤에 빈 라인 삽입

import calendar #04 calendar 모듈을 가져옴

cal = calendar.month(yr, mt) #05 1개월 달력을 만듦
print(cal) #06 달력을 출력함

cal = calendar.calendar(yr, w=2, l=1, c=6) #07 1년 달력을 만듦
print(cal) #08 달력을 출력함
```

🖥 코드 해설

01-02 라인은 input 함수로 년도와 월을 입력 받은 후, int 함수로 정수로 변환하여 변수에 할당합니다. 03 라인은 화면에 표시되는 입력 메시지와 그 뒤에 출력되는 달력 사이에 빈 라인을 삽입합니다.

04 라인은 calendar 모듈을 내 프로그램으로 가져옵니다. 이제 calendar 모듈이 제공하는 여러 가지 메소드들을 사용할 수 있게 됩니다. 05 라인은 month 메소드로 달력을 만들어 cal 변수에 할당합니다. 이 메소드는 '년'과 '월'을 인수로 사용합니다.

07 라인에 사용된 calendar 메소드의 w 인수는 날짜 간의 간격을 지정하고, l은 주(week)의 상하 라인 수를 지정하며, c는 월(month) 간의 간격을 지정합니다.

요점 정리

- input 함수를 사용하면 사용자가 키보드에서 입력하는 값을 받아들일 수 있습니다.
- input 함수는 입력되는 값을 문자열로 받아들이므로, 숫자를 입력할 때는 int 함수나 float 함수를 사용해서 정수나 실수로 변환해야 합니다.
- 괄호를 중복해서 사용하면 제일 안쪽 괄호부터 바깥쪽 괄호 순서로 처리됩니다.
- 문자열에 곱셈 연산자를 사용하면 동일한 문자를 반복시킬 수 있습니다.
- 문자열로 덧셈을 하면 여러 개의 문자열을 하나의 문자열로 연결할 수 있습니다.
- import 문을 사용하면 추가 모듈을 사용할 수 있습니다. turtle 모듈은 터틀 그래픽 기능을 제공하며, calendar 모듈은 달력 기능을 제공합니다.

우리는 앞서 더하기("+"), 빼기("−"), 곱하기("*"), 나누기("/") 등의 사칙 연산자를 사용해보았습니다.

파이썬은 이런 사칙 연산자를 포함하여 다음과 같은 산술 연산자를 사용합니다.

연산자	의미	사용 예	결과
+	더하기	10+4	14
−	빼기	10−4	6
*	곱하기	10*4	40
/	나누기	10/4	2.5
//	절사 나누기	10//4	2
%	나머지	10%4	2
**	지수승	10**4	10000

이 연산자들을 셸 창에서 연습해 보세요. 절사 나누기(//)는 나눗셈을 하여 몫을 구하되 몫의 소수점 이하는 무조건 잘라버립니다.

나머지 연산자는 말 그대로 나눗셈을 한 후 나머지를 구합니다. 지수승은 지수승 값을 구합니다.

고수도 프로그램을 짤려면 시간이 걸려요

학생의 이름을 입력 받고, 국어, 영어, 수학 점수를 입력 받아서, 총점과 평균을 구하는 프로그램을 작성해 봅시다. 평균은 반올림을 해서 소수 이하 2자리까지 구해야 합니다. 우리가 원하는 출력은 다음과 같습니다.

실행 결과

```
이름을 입력하세요 : 이병재
국어 점수 : 100
영어 점수 : 90
수학 점수 : 85
총점 : 275
평균 : 91.67
>>>
```

앞으로 여기에서 만든 프로그램을 반복적으로 보면서 프로그래밍을 익히게 될 것입니다.

지금부터 프로그램을 작성하는 과정을 하나씩 더듬어 보겠습니다. 아무리 경험이 많은 프로그래머들도 출력을 참고하여 다음과 같이 천천히 생각하면서 더듬더듬 프로그램을 작성한답니다.

산술 연산자만 사용해도 다양한 프로그램을 짤 수 있어요 **063**

"사용자가 키보드에서 입력하는 이름에는 name이라는 변수 이름을 할당하자!"
"문자열이니까 int 함수는 필요없겠어."
"그러면 이렇게 작성하면 될거야."

```
name=input("이름을 입력하세요 : ")
```

그 다음에 할 일은 국어, 영어, 수학 점수를 입력 받아야 해.

"이번에도 입력을 받으려면 input 함수를 사용해야 해."
"그런데... 정수를 입력 받아야 하니까 이번에는 int() 함수를 사용해야지."
"변수 이름은 국어는 korean을 줄여서 kor이라고 하고, 영어는 english이니까 eng, 수학은 mathematics이니까 mat로 해야지."
"그럼 지금부터 코딩을 해봐야지."

```
kor=int(input("국어 점수 : "))
eng=int(input("영어 점수 : "))
mat=int(input("수학 점수 : "))
```

"괄호 안에 괄호가 있으니까 조심해야 돼."
"괄호 하나라도 빼먹으면 에러 나니까 잘봐야지."
"음... 제대로 입력한 것 같아."

"총점은 변수 이름을 tot라고 해야겠어."
"total이라고 해도 되지만 줄여서..."

점수를 다 입력 받았으니까 이제 3개 점수를 더해서 총점을 구해야지.

```
tot=kor+eng+mat
```

"식이 좀 복잡해 보이는데 공백을 한칸씩 삽입할까?"

```
tot = kor + eng + mat
```

"공백을 삽입하니까 보기는 편한데 그럼 이전 코드들도 다 빈칸을 넣어야 해."
"코드를 작성할 때 일관성이 있어야 하는 건데… 쩝!"
"에고… 그냥 다 붙여서 기술하자!"

"평균은 average이니까 변수 이름은 ave로 해야지."
"3 과목이니까 3으로 나누면 되는데, 반올림해서 소수 이하 2자리까지 구하라고?"
"반올림을 어떻게 하지?"
"인터넷 뒤져보자!"
"파이썬 반올림으로 검색해 보니까 round라는 함수가 있네."
"알겠어."
"코딩을 해 보자."

```
ave=tot/3
ave=round(ave, 2)
```

```
print()
print("총점 :", tot)
print("평균 :", ave)
```

앞에서 설명이 되었지만 다시 코드를 살펴봅시다.

▶ sam11.py

```
name=input("이름을 입력하세요 : ")  #01
kor=int(input("국어 점수 : "))  #02
eng=int(input("영어 점수 : "))  #03
mat=int(input("수학 점수 : "))  #04
```

```
tot=kor+eng+mat #05 총점 계산
ave=tot/3 #06 평균 계산
ave=round(ave, 2) #07 평균을 소수 이하 2자리로 조절

print() #08
print("총점 : ", tot) #09
print("평균 : ", ave) #10
```

🖥 코드 해설

06 라인과 07 라인을 합쳐서 1개 라인으로 기술해도 됩니다.

```
ave=tot/3 #06 평균 계산
ave=round(ave, 2) #07 평균을 소수 이하 2자리로 조절
```

⬇

```
ave=round(tot/3, 2)
```

round 함수의 사용 형식은 다음과 같습니다.

round(값, 소수 이하 자리수)

- '값'에는 숫자나 변수, 수식을 기술할 수 있습니다.
- '소수 이하 자리수'는 반올림해서 표시할 소수이하 자리수를 의미합니다.

067

 할인액과 세금 계산 프로그램

다음과 같이 출력하는 프로그램을 작성해 봅시다.

실행 결과

```
정  가 : 10000
할인율 : 0.1
할인액 : 1000
세  금 : 900
지불액 : 9900
>>>
```

키보드에서 정가와 할인율을 입력 받은 다음, 할인액과 세금을 계산해서 지불액을 구해야 합니다. 할인율은 실수로 입력되며, 세금은 정가에서 할인액을 뺀 금액의 10%입니다.

▶ sam12.py

```python
price = int(input("정  가 : ")) #01
rate = float(input("할인율 : ")) #02

discount = price * rate #03
pay = price - discount #04
tax = pay * 0.1 #05

pay = pay + tax #06

print() #07
print("할인액 :", int(discount)) #08
print("세  금 :", int(tax)) #09
print("지불액 :", int(pay)) #10
```

코드 해설

01-02 라인에서는 입력 받은 정가와 할인율 모두 문자열로 취급됩니다. 그래서 정가는 int 함수를 사용해서 정수로 변환되는 것이며 할인율은 실수로 입력되므로 float 함수를 사용하여 실수로 변환되는 것입니다.

03 라인에서는 할인액을, 04 라인에서는 정가에서 할인액을 빼서 지불액을, 05 라인에서는 지불액에 대한 세금을 계산합니다.

06 라인에서는 지불액에 세금을 더하고, 07 라인은 단순히 빈 라인을 출력해서 화면을 보기 좋게 하며, 08-10 라인은 int 함수를 사용하여 결과 값들을 출력합니다.

정수와 실수가 혼합된 계산은 모든 숫자가 실수로 계산이 됩니다.

여기서는 할인율인 rate가 실수이기 때문에 03 라인부터는 모든 계산이 실수로 처리됩니다. 그래서 08-10 라인에서는 소수 이하를 절사한 정수로 출력하기 위해 int 함수를 사용했습니다.

동전 교환기 프로그램

키보드에서 금액을 입력하면 그 금액을 모두 동전으로 교환해주는 프로그램을 생각해봅시다. 동전은 500원, 100원, 50원, 1원 짜리 동전이 있다고 가정합니다. 이 프로그램의 출력은 다음과 같습니다.

실행 결과

```
금액을 입력하세요 : 5555
500원 개수 : 11
100원 개수 : 0
050원 개수 : 1
010원 개수 : 0
001원 개수 : 5
>>>
```

▶ sam13.py

```python
bill = int(input("금액을 입력하세요 : ")) #01

coin500 = bill // 500 #02
remainder = bill % 500 #03
coin100 = remainder // 100 #04
remainder = remainder % 100 #05
coin50 = remainder // 50 #06
remainder = remainder % 50 #07
coin10 = remainder // 10 #08
remainder = remainder % 10 #09
coin1 = remainder #10

print() #11
print("500원 개수 :", coin500)
print("100원 개수 :", coin100)
print(" 50원 개수 :", coin50)
print(" 10원 개수 :", coin10)
print("  1원 개수 :", coin1) #12
```

코드 해설

02 라인에서는 입력된 금액을 500으로 나누어 500원짜리 동전의 개수를 구합니다. 여기서는 일반적인 나눗셈 연산자인 '/'를 사용하지 않고 절사 나누기 연산자인 '//'를 사용했습니다.

03 라인에서는 나머지 연산자인 '%'를 사용하여 500으로 나눈 나머지를 구합니다. 나머지라는 의미에서 remainder라는 변수를 사용했으나, 이렇게 간단한 프로그램에서는 remainder 대신에 그냥 r과 같이 간단한 변수를 사용해도 괜찮습니다.

04 라인부터는 remainder 변수의 값을 계속 100, 50, 10으로 나누어 동전의 개수를 구합니다.

10 라인에서는 10으로 나눈 나머지가 그대로 1원의 개수이므로 remainder 변수의 값을 coin1에 할당했습니다.

2차 함수 계산을 하는 프로그램

다음과 같은 2차 함수의 값을 구하는 프로그램을 생각해 봅시다.

$y = 5x^2 + 6x + 7$

x 값은 키보드에서 입력 받기로 합니다.

지수승은 '**' 연산자를 사용해도 되고, pow 함수를 사용해도 됩니다. 이 프로그램의 출력은 다음에 소개되어 있습니다.

실행 결과

```
숫자 : 5
y1 = 162.0
y2 = 162.0
>>>
```

▶ sam15.py

```python
num = float(input("숫자 : "))        #01
y1 = 5.0 * num**2 + 6.0 * num + 7.0   #02
print("y1 =", y1)                      #03
y2 = 5.0 * pow(num, 2) + 6.0 * num + 7.0  #04
print("y2 =", y2)                      #05
```

🖥 코드 해설

02 라인에서는 지수승을 표현하기 위해 '**' 연산자를, 03 라인에서는 pow 함수를 사용했습니다. 2가지 함수를 사용할 수 있습니다.

삼각형의 넓이를 구하는 프로그램

삼각형의 세 변의 길이를 이용해서 삼각형의 넓이를 구하려면 다음과 같은 공식을 사용합니다.

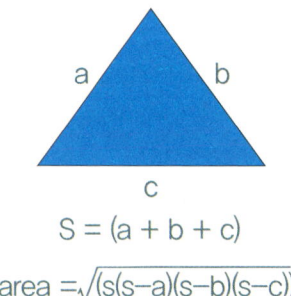

$S = (a + b + c)$
$area = \sqrt{س(s-a)(s-b)(s-c)}$

우리는 세 변의 길이를 키보드에서 입력 받아 삼각형의 넓이를 구하는 프로그램을 작성할 것입니다. 여기서는 식에 사용하는 괄호의 의미를 알아봅시다.

프로그램의 출력은 다음과 같습니다.

실행 결과

```
첫번째 변의 길이 : 5
두번째 변의 길이 : 6
세번째 변의 길이 : 7

삼각형의 넓이 : 14.7
>>>
```

삼각형의 넓이는 반올림해서 소수 이하 1자리까지 출력해야 합니다.

▶ sam16.py

```python
a = float(input("첫번째 변의 길이 : "))
b = float(input("두번째 변의 길이 : "))
c = float(input("세번째 변의 길이 : "))

s = (a + b + c) / 2   #01

area = (s*(s-a)*(s-b)*(s-c))**0.5   #02

print()
print("삼각형의 넓이 :", round(area, 1))   #03
```

코드 해설

01 라인과 02 라인에서는 괄호를 사용하여 연산문을 구성했습니다. 만약 01 라인을 다음과 같이 괄호 없이 기술하면 어떻게 될까요?

s = a + b + c / 2

연산자에는 우선순위가 있습니다. 식은 왼쪽에서 오른쪽으로 계산되는 것이 원칙이나 곱셈, 나눗셈은 덧셈, 뺄셈보다 먼저 계산됩니다. 그래서 괄호가 없으면 c/2가 제일

먼저 계산됩니다.

그런데 곱셈, 나눗셈보다 우선 순위가 더 높은 것이 괄호입니다. 괄호를 사용하면 괄호 안의 식이 최우선으로 계산됩니다. 따라서 01 라인의 연산문은 괄호 안의 (a + b + c)를 먼저 계산한 후, 그 결과를 2로 나누게 됩니다.

02 라인은 다음과 같은 순서로 실행됩니다.

$$area = (s * (s - a) * (s - a) * (s - a)) ** 0.5$$

❶ ❷ ❸
❹ ❺ ❻ ❼

제일 안쪽 괄호부터 계산하지요. 안쪽 괄호가 여러 개면 왼쪽 괄호부터 계산하고...

섭씨와 화씨온도를 변환하는 프로그램

섭씨온도와 화씨온도를 변환하는 공식은 다음과 같습니다.

화씨온도(fahrenheit) = 섭씨온도 * 1.8 + 32
섭씨온도(celsius) = (화씨온도 − 32) / 1.8

이 공식을 이용해서 다음과 같이 출력하는 프로그램을 작성해 봅시다. 변환된 온도는 소수 이하 2자리까지 출력되어야 합니다.

```
실행 결과

*****************
섭씨온도 : 30.5
*****************
화씨온도 : 86.9
```

```
*****************
*****************
화씨온도 : 100
*****************
섭씨온도 : 37.78
*****************
>>>
```

아래의 코드의 빈칸에 채워질 코드가 무엇일까요?

▶ sam17.py

```
print("*" * 17)
c = ❶ _____
print("*" * 17)
f = ❷ _____
print(❸ _____ )
print("*" * 17)

print()

print("*" * 17)
f = ❹ _____
print("*" * 17)
c = ❺ _____
print(❻ _____ )
print("*" * 17)
```

> **참고하세요**
>
> 한번에 척척 답이 생각나지 않는다고 기죽지 마세요. 프로그램을 작성하는 작업은 에러(error)와의 싸움이랍니다. 누구나 여러 번에 걸쳐 에러를 수정하고 재실행하면서 프로그램을 완성합니다. 에러를 수정하는 작업을 '디버깅한다'고 합니다. 디버깅(debugging)은 버그(bug, 벌레)를 제거한다는 의미인데 프로그래밍에서는 에러를 수정한다는 의미로 사용하지요. 그래서 프로그래머들은 일이 잘 안풀리면 '아~~ 내 인생 디버깅 좀 해야겠어!'하고 농담을 하기도 합니다.

요점 정리

- 절사 나누기(//)는 나눗셈을 하여 몫을 구하되 몫의 소수점 이하는 무조건 잘라버립니다.
- 나머지 연산자(%)는 나눗셈을 한 후 나머지를 구합니다.
- 지수승(**)은 지수승 값을 구합니다.
- 정수와 실수가 혼합된 계산은 모든 숫자가 실수로 계산이 됩니다.
- 곱셈, 나눗셈은 덧셈, 뺄셈보다 먼저 계산됩니다.
- 괄호를 사용하면 괄호 안의 식은 최우선으로 계산됩니다.
- 에러를 수정하는 작업을 '디버깅한다'고 합니다.

큰지 작은지, 같은지 다른지를 검사할 수 있어요

어찌보면 프로그램을 작성하는 작업은 검사하는 작업의 연속이기도 합니다. 조건을 검사해서 조건이 맞으면 이렇게 하고, 조건이 안맞으면 저렇게 하고…

프로그램에서 조건을 검사하기 위해서는 'if'라는 명령문을 사용합니다. 거북이를 불러서 'if'문을 살짝 들여다 봅시다.

조건이 맞으면 색을 사용하는 거북이 프로그램

먼저 'sam18.py' 프로그램을 실행시켜 보세요. 다음과 같이 거북이가 움직이면서 천천히 삼각형을 그립니다.

실행 결과

Python Turtle Graphics

큰지 작은지, 같은지 다른지를 검사할 수 있어요 **077**

▶ sam18.py

```python
import turtle as t #01 turtle 대신 t를 사용할 수 있음

t.shape("turtle") #02 거북이 모양 지정
t.speed(1) #03 움직이는 속도 지정
t.pensize(5) #04 펜 크기 지정
t.color("red") #05 펜 색 지정

length = 200 #06 길이 설정
angle = 360.0 / 3 #07 회전 각도 설정

t.forward(length) #08 길이만큼 앞으로 이동
t.right(angle) #09 각도만큼 오른쪽으로 회전

t.forward(length)
t.right(angle)

t.forward(length)
t.right(angle)
```

코드 해설

앞서 살펴 본 거북이 코드와 달리 01 라인과 같이 기술하면 turtle이 기술될 위치에 t를 사용할 수 있어 코딩이 간결해집니다.

이제 'sam19.py'를 실행시켜 보세요.

　　빨간펜을 사용하려면 y 나 Y　：

위의 메시지가 표시된 후 사용자가 y나 Y를 입력하고 엔터 키를 누르면 빨간색으로 삼각형이 그려집니다. 그러나 다른 키를 누르거나 그냥 엔터 키를 누르면 기본색인 까만색으로 그려집니다.

자! 코드를 봅시다!

▶ sam19.py

```
answer = input("빨간펜을 사용하려면 y 나 Y　： ") #01
import turtle as t
t.shape("turtle")
t.speed(1)
t.pensize(5)

if answer=="y" or answer=="Y": #02
    t.color("red") #03

length = 200 #04
angle = 360.0 / 3

t.forward(length)
t.right(angle)
t.forward(length)
t.right(angle)
t.forward(length)
t.right(angle)
```

코드 해설

이전 코드와 다르게 01, 02 라인이 추가되었습니다. 01 라인은 셸 창에 메시지를 출력하고 사용자로부터 글자를 입력받습니다.

02 라인의 if 문 제일 뒤에는 콜론(:)이 반드시 필요합니다.

03 라인도 이전 코드와 다르게 오른쪽으로 4칸 들여쓰기가 되어 있습니다.

처음 본 if 문이라서 익숙하지 않지요. 그냥 대략 감을 잡는 차원에서 02-03 라인을 들여다 보면 다음과 같습니다.

```
                answer가              answer가
         만약에 "y"와 같거나    또는    "Y"와 같으면
         if   answer == "y"     or    answer == "Y"    #02
              t.color("red")    #03

         length = 200    #04
         angle = 360.0/3
```

02 라인의 조건이 맞으면
03 라인이 실행되고
04 라인이 실행된다.
02 라인의 조건이 맞지 않으면
03 라인은 실행되지 않고
04 라인이 곧장 실행된다.

앞의 코드는 조건을 검사해서 그 결과에 따라 다른 동작을 하는 경우를 보여주고 있습니다. 조건을 검사하는 명령문은 'if'이지만 if를 사용하려면 먼저 조건식을 구성하는 방법을 알아야 합니다.

위 앞의 코드에서 answer=="y" or answer=="Y"와 같은 식을 조건식이라고 합니다. 조건식에서는 주로 관계 연산자와 논리 연산자를 사용합니다. '=='은 '같다'를 의미하는 관계 연산자(Relational operator)입니다. 'or'는 '또는'을 의미하는 논리 연산자(Logical operator)입니다.

이 연산자들부터 살펴봅시다.

비교할 때는 관계 연산자를 사용해요

값을 비교하기 위해서 사용하는 관계 연산자의 종류는 다음과 같습니다.

x = 10, y = 20

연산자	의미	결과
x == y	x와 y가 같은가?	False
x != y	x와 y가 같지 않은가?	True
x > y	x가 y 보다 큰가?	False
x < y	x가 y 보다 작은가?	True
x >= y	x가 y 보다 크거나 같은가?	False
x <= y	x가 y 보다 작거나 같은가?	True

True, False도 값입니다. 첫 글자가 대문자이에요.

앞의 표를 보고 셸 창에서 식을 입력하면서 결과를 살펴보세요. 먼저 x에는 10을, y에는 20을 할당해 두어야 해요.

큰지 작은지, 같은지 다른지를 검사할 수 있어요

'그리고'나 '또는'이 필요하면 논리 연산자를 사용해요

일반적인 and, or, not의 의미를 아실 것입니다. 그 일반적인 의미와 논리 연산자도 동일합니다. 다만 True, False와 같은 생소한 값이 등장했을 뿐입니다.

논리 연산자는 다음과 같습니다.

x	y	x and y	x or y	not x
False	False	False	False	True
False	True	False	True	True
True	False	False	True	False
True	True	True	True	False

and는 x, y 둘다 True일 때만 결과가 True이고, or는 x, y 중에 하나라도 True이면 결과가 True입니다. not은 True이면 결과가 False, False이면 결과가 True입니다. 앞의 표를 보면서 셸 창에서 다음과 같은 방식으로 테스트해 보세요.

```
>>> x=False
>>> y=False
>>> x and y
False
>>> x or y
False
>>> not x
True
>>> not y
True
>>>
```

간단히 한 개만 검사할 때는 if를 사용해요

if 문은 조건식을 검사해서 결과가 '참'(True)일 때만 특정 명령문을 실행하기 위해 사용합니다. if 문의 사용 형식은 다음과 같습니다.

    if 조건식:
            조건식이 '참'일 때 실행될 명령문들

조건식이 참이면 참 명령문과 다음 명령문을 실행하고, 조건식이 거짓이면 다음 명령문만 실행합니다.

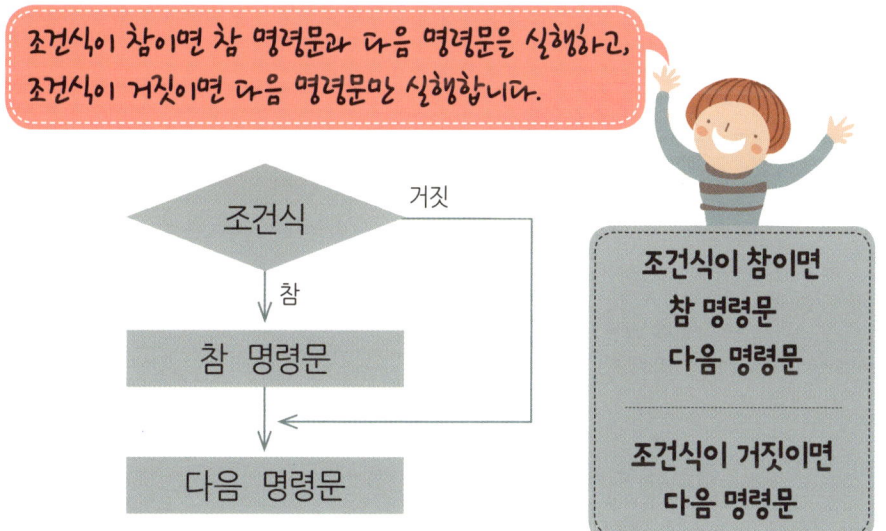

if 문을 사용하는 다음의 코드를 봅시다. 이 프로그램은 사용자가 60점 이상의 값을 입력하면 1개의 합격 메시지와 점수를 출력합니다. 그러나 60점 미만의 값을 입력하면 합격 메시지 없이 점수만 출력합니다.

실행 결과

```
점수를 입력하세요 : 90
합격입니다.
당신의 점수는 90점입니다
>>>
```

```
점수를 입력하세요 : 55

당신의 점수는 55점입니다
>>>
```

▶ sam20.py

```python
score = int(input("점수를 입력하세요 : "))
print()

if score >= 60:  #01
    print("합격입니다.")  #02
print("당신의 점수는 " + str(score) + "점입니다")  #03
```

🖥 코드 해설

01 라인의 if 문 제일 뒤에 있는 콜론(:)은 명령문 블록을 시작하는 기호입니다. 또한 그 다음에 있는 02 라인의 명령문을 자동으로 들여쓰게 합니다. 이렇게 들여쓰기가 된 명령문은 조건식인 'score >= 60'이 '참(True)' 일 때만 실행됩니다.

따라서 입력된 점수가 60점 이상일 때는 02 라인이 실행되어 '합격입니다.'라는 메시지가 출력되고 03 라인이 실행되어 점수가 출력됩니다. 하지만 입력된 점수가 60점 미만일 때는 02 라인은 실행되지 않고 03 라인만 실행됩니다.

03 라인을 입력할 때는 들여쓰기를 하지 않습니다. 03 라인에서는 str( ) 함수를 사용하여 score를 문자열로 변환했습니다. 문자열을 연결하는 '+' 연산자는 문자열들만 연결하기 때문에 그냥 score를 사용하면 문자열과 숫자를 연결하는 것이 되어 에러가 발생합니다.

앞의 코드는 조건식이 참일 때 1개의 메시지만을 출력했습니다. 조건식이 참일 때 다음과 같이 여러 개의 메시지를 출력할 수도 있습니다.

실행 결과

```
점수를 입력하세요 : 90

합격입니다.
축하합니다!
등록하세요.
당신의 점수는 90점입니다
>>>

점수를 입력하세요 : 55

당신의 점수는 55점입니다
>>>
```

▶ sam21.py

```python
score = int(input("점수를 입력하세요 : "))
print()

if score >= 60:  #01
    print("합격입니다.") #02
    print("축하합니다!") #03
    print("등록하세요.") #04
print("당신의 점수는 " + str(score) + "점입니다") #05
```

코드 해설

01 라인 아래 02, 03, 04 라인의 명령문은 들여쓰기가 되어 있습니다. 그래서 조건식이 참(True)이면 즉, 점수가 60 이상이면 02, 03, 04 라인의 명령문이 실행됩니다. 그러나 조건식이 거짓(False)이면 즉, 점수가 60 미만이면 02, 03, 04 라인의 명령문은 실행되지 않습니다.

이렇게 특정 조건에 따라 실행되는 명령문들의 묶음을 명령문 블록(block)이라고 합니다.

맞으면 이렇게, 틀리면 저렇게는 if...else를 사용하지요

앞서 배운 if 문은 조건식이 '참'일 경우에만 그에 따른 특정 명령문이 실행되었습니다. 그러나 if ... else 문을 사용하면 조건식이 '참'일 때는 물론, '거짓'일 때도 그에 따른 특정 명령문을 실행시킬 수 있습니다.

if ... else 문의 사용 형식은 다음과 같습니다.

    if 조건식:

        조건식이 '참'일 때 실행될 명령문들

    else:

        조건식이 '거짓'일 때 실행될 명령문들

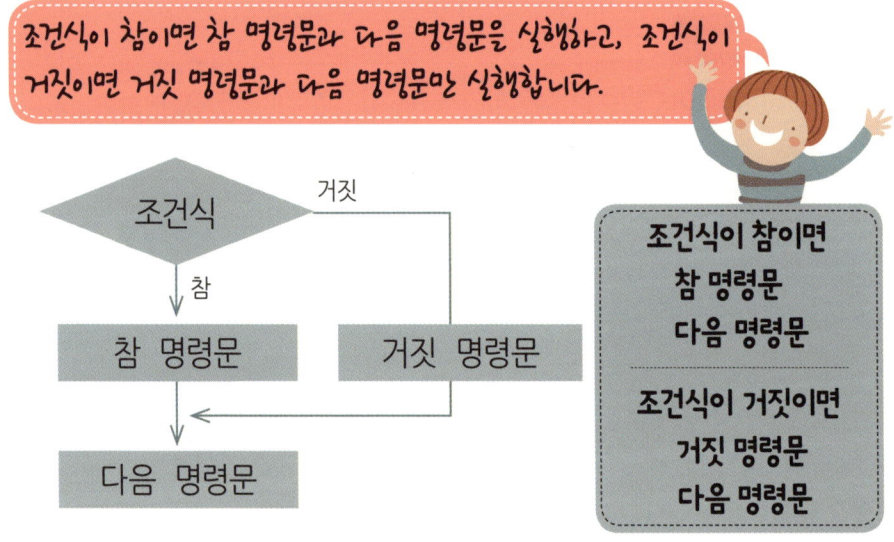

if...else 문을 사용하면 조건식이 참일 때는 물론, 거짓일 때도 특정 명령문을 실행할 수 있습니다. 'sam22.py'를 실행시켜 보세요.

다음과 같이 출력됩니다.

실행 결과

```
점수를 입력하세요 : 90

합격입니다.
축하합니다!
등록하세요.
당신의 점수는 90점입니다
>>>

점수를 입력하세요 : 55

불합격입니다.
다시 도전하세요!
재시험보세요.
당신의 점수는 55점입니다
>>>
```

▶ sam22.py

```python
score = int(input("점수를 입력하세요 : "))
print()

if score >= 60:   #01
    print("합격입니다.")   #02
    print("축하합니다!")   #03
    print("등록하세요.")   #04

else:   #05
    print("불합격입니다.")   #06
    print("다시 도전하세요!")   #07
    print("재시험보세요.")   #08
print("당신의 점수는 " + str(score) + "점입니다")   #09
```

🖳 코드 해설

01 라인의 조건식이 참(True)이면 02, 03, 04 라인의 명령문 블록이 실행됩니다. 하지만 01 라인의 조건식이 거짓(False)이면 05 라인의 'else:'로 이동하여 06, 07, 08 라인의 명령문 블록이 실행됩니다.

09 라인은 조건식의 참/거짓과 관계없이 항상 실행됩니다. 09 라인은 어느 명령문 블록에도 속하지 않기 때문이지요.

요점 정리

- 단순히 하나의 조건만 검사할 때는 if 문을 사용합니다.
- if 문은 조건식을 검사하며 조건식은 관계 연산자와 논리 연산자로 구성됩니다.
- 관계 연산자는 값을 비교할 때 사용합니다.
- 논리 연산자는 and, or, not과 같은 논리연산을 합니다.
- True와 Fasle는 참과 거짓을 의미하는 논리값입니다.
- 조건식이 False일 때도 특정 명령문을 실행시키려면 if...else 문을 사용합니다.

읽어두면 좋은 코딩 상식

프로그래밍 언어를 해석, 실행하는 프로그램에는 2종류가 있습니다.
바로, 컴파일러(Compiler)와 인터프리터(Interpreter)입니다.
우리가 배우는 파이썬은 인터프리터를 사용합니다.

컴파일러는 번역가이고, 인터프리터는 통역사라고 할 수 있습니다.
컴파일러는 프로그램을 처음부터 끝까지 한꺼번에 해석한 후 한꺼번에 실행합니다.
인터프리터는 프로그램 내의 명령문을 하나씩 해석하고 하나씩 실행합니다.

컴파일러는 해석과 실행이 분리되어 있습니다.
프로그램 단위로 해석하고 프로그램 단위로 실행합니다.
인터프리터는 해석과 실행이 연달아 발생합니다.
명령문 단위로 해석하고 명령문 단위로 실행합니다.

책 한 권이나 문서 하나를 통째로 해석해서 넘겨주는 번역가는 컴파일러이고, 말할 때마다 한 문장씩 해석해서 알려주는 통역사는 인터프리터입니다.
뭐가 더 좋은가는 의미가 없습니다.
용도에 따라 각기 다른 방식을 채택한 것입니다.

우리는 '파이썬' 통역사하고 학습을 하고 있습니다.

대체로 컴파일러를 사용하는 언어는 실행 속도는 빠르지만 코드 수정과 테스트에 시간이 많이 걸립니다. 반면에 인터프리터를 사용하는 언어는 실행 속도는 좀 느리지만 코드 수정과 테스트를 효율적으로 할 수 있습니다.

검사할 것이 많으면 조건식을
계속 추가해요

if 문이나 if...else 문을 사용하면 1개의 조건을 검사할 수 있습니다. 그런데 만약 검사할 항목이 5개이거나 그 이상이라면 어떻게 해야 할까요?
물론 항목의 개수만큼 if 문을 여러 번 기술해서 해결할 수도 있지만 if 문을 여러 개 사용하면 불필요한 검사를 많이 하게 되므로 효율적인 코드라고 할 수 없습니다. 이러한 비효율적인 문제를 해결하기 위해서 if...elif...else 문이 제공됩니다.

if...elif...else 문은 검사를 많이 해요

if...elif...else 문을 사용한 'sam23.py'를 봅시다.
프로그램을 실행시키고 메시지가 표시되면 키보드로 점수를 입력하세요.
그러면 학점이 출력되고, 그 다음 라인에 장학금이나 낙제 여부를 알려주는 메시지가 출력됩니다.

실행 결과

```
점수를 입력하세요 : 90
A 학점입니다.
장학금 100만원이 지급됩니다.
>>>
```

```
점수를 입력하세요 : 70

C 학점입니다.
장학금 대상이 아닙니다.
>>>

점수를 입력하세요 : 55

F 학점입니다.
낙제입니다. 재수강하세요.
>>>
```

▶ sam23.py

```python
score = int(input("점수를 입력하세요 : ")) #01
if score >= 90: #02
    grade = "A" #03
    msg = "장학금 100만원이 지급됩니다." #04
elif score >= 80: #05
    grade = "B" #06
    msg = "장학금 50만원이 지급됩니다." #07
elif score >= 70: #08
    grade = "C" #09
    msg = "장학금 대상이 아닙니다." #10
elif score >= 60: #11
    grade = "D" #12
    msg = "장학금 대상이 아닙니다." #13
else: #14
    grade = "F" #15
```

```
        msg = "낙제입니다. 재수강하세요."  #16
print()  #17
print(grade+" 학점입니다.")  #18
print(msg)  #19
```

🖥 코드 해설

02 라인에서 점수를 검사하여 90점 이상이면 03, 04 라인을 실행한 후, if...elif...else 문을 벗어나 17 라인으로 이동합니다. 90점 이상이 아니면 05 라인으로 이동합니다.

05 라인에서 다시 점수를 검사하여 80점 이상이면 06, 07 라인을 실행한 후, if...elif...else 문을 벗어나 17 라인으로 이동합니다. 80점 이상도 아니면 08 라인으로 이동합니다.

08 라인에서 다시 점수를 검사하여 70점 이상이면 09, 10 라인을 실행한 후, if...elif...else 문을 벗어나 17 라인으로 이동합니다. 70점 이상도 아니면 11 라인으로 이동합니다.

11 라인에서 다시 점수를 검사하여 60점 이상이면 12, 13 라인을 실행한 후, if...elif...else 문을 벗어나 17 라인으로 이동합니다.

if...elif...else 문의 형식은 다음과 같습니다.

```
if 조건식1:
    조건식1이 "참"일 때 실행될 명령문들

elif 조건식2:
    조건식2가 "참"일 때 실행될 명령문들

    ........

else:
    앞의 모든 조건식이 "거짓"일 때 실행될 명령문들
```

PROGRAMMING

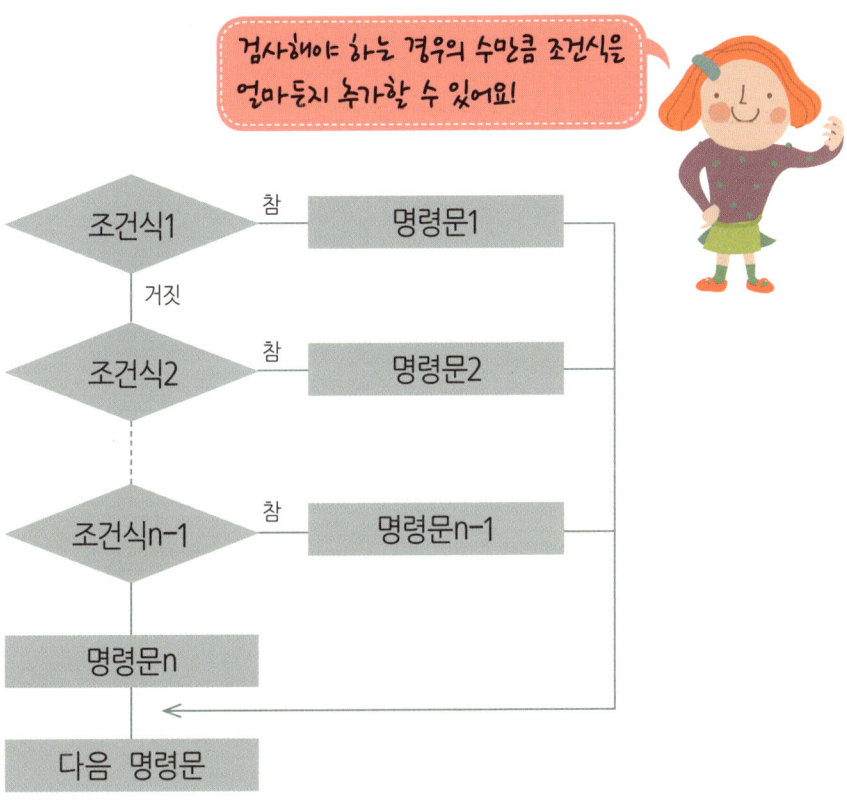

검사할 것이 많으면 조건식을 계속 추가해요

선택한 색으로 삼각형을 그리는 거북이 프로그램

앞서 배운 삼각형 그리는 거북이 프로그램 'sam09.py'를 개선해 봅시다. 이번에는 4가지 색 중 하나를 선택하여 삼각형을 그릴 수 있게 만듭니다. 코드를 실행시키면 다음과 같이 메시지가 출력됩니다.

빨간색(red)은 'r'이나 'R'을 입력합니다.
파란색(blue)은 'b'나 'B'를 입력합니다.
노란색(yellow)은 'y'나 'Y'를 입력합니다.

문자를 입력하세요 :

메시지에 있는 글자가 아닌 다른 글자를 입력하거나 그냥 엔터 키를 누르면 녹색(green)으로 그려집니다.

if...elif...else 문을 사용하는 이 프로그램의 코드를 완성해 보세요.

▶ sam24.py

```python
print("빨간색(red)은 'r'이나 'R'을 입력합니다.")
print("파란색(blue)은 'b'나 'B'를 입력합니다.")
print("노란색(yellow)은 'y'나 'Y'를 입력합니다.")
print()

answer = input("문자를 입력하세요 : ")
import turtle as t
t.shape("turtle")
t.speed(1)
t.pensize(5)
```

```
if ❶ _____
    ❷ _____
❸ _____
    ❹ _____
❺ _____
    ❻ _____
❼ _____
    t.color("green")

length = 200
angle = 360.0 / 3

t.forward(length)
t.right(angle)

t.forward(length)
t.right(angle)

t.forward(length)
t.right(angle)
```

자, 이제 if, if...else, if...elif...else 문을 사용하는 프로그램들을 살펴봅시다. 영어를 많이 사용할 수록 영어를 잘 하듯이, 파이썬 코드를 많이 볼수록 파이썬을 잘 할 수 있어요.

Let's Go!

> **참고하세요**
> 따옴표 내에서 또 따옴표를 사용할 때는 겹따옴표(") 내에서는 홑따옴표(')를 사용하고, 홑따옴표(') 내에서는 겹따옴표(")를 사용하면 됩니다.

 양수, 0, 음수를 판별하는 프로그램

이 프로그램의 출력은 다음과 같습니다.

실행 결과

```
정수를 입력하세요 : 12
양수입니다.
>>>

정수를 입력하세요 : -100
음수입니다.
>>>

정수를 입력하세요 : 0
0 입니다.
>>>
```

▶ sam25.py

```python
num = int(input("정수를 입력하세요 : "))
if num > 0: #01
    print("양수입니다.") #02
elif num == 0: #03
    print("0 입니다.") #04
else: #05
    print("음수입니다.") #06
```

코드 해설

01 라인에서는 입력된 숫자가 0 보다 큰지를 검사합니다. 조건식이 참(True)이면 02

라인이 실행된 후, if...elif...else 문을 벗어나 실행이 끝납니다. 그러나 조건식이 거짓(False)이면 02 라인이 실행되지 않고 03 라인으로 이동합니다.

03 라인은 입력된 숫자가 0인지를 검사합니다. 조건식이 참(True)이면 04 라인이 실행된 후, if...elif...else 문을 벗어나 실행이 끝납니다. 그러나 조건식이 거짓(False)이면 04 라인이 실행되지 않고 05 라인으로 이동합니다. 06 라인에 와서는 그냥 06 라인을 실행한 후 실행이 끝납니다.

짝수, 홀수를 구분하는 프로그램

다음과 같이 정수를 입력 받아서 짝수인지, 홀수인지를 알려주는 프로그램을 생각해 봅시다.

실행 결과

```
정수를 입력하세요. : 100
100은(는) 짝수입니다!
>>>
정수를 입력하세요. : 99
99은(는) 홀수입니다!
>>>
```

아래 코드를 완성해 보세요.

검사할 것이 많으면 조건식을 계속 추가해요 **097**

▶ sam26.py

```
num = int(input("정수를 입력하세요. : "))

❶ _____ :
    print(str(num) + "은(는) 짝수입니다!")
❷ _____ :
    print(str(num) + "은(는) 홀수입니다!")
```

 제일 큰 숫자를 찾는 프로그램

3개의 숫자를 입력 받아서 그 중에서 제일 큰 숫자를 출력하는 프로그램을 봅니다. 이 프로그램의 출력은 다음과 같습니다.

실행 결과

```
첫째 숫자 : 100
둘째 숫자 : 20
셋째 숫자 : -90
제일 큰 숫자 = 100
>>>
첫째 숫자 : 1
둘째 숫자 : 1
셋째 숫자 : 20
제일 큰 숫자 = 20
```

▶ sam27.py

```python
num1 = int(input("첫째 숫자 : "))
num2 = int(input("둘째 숫자 : "))
num3 = int(input("셋째 숫자 : "))
if (num1 >= num2) and (num1 >= num3): #01
    largest = num1 #02
elif (num2 >= num1) and (num2 >= num3): #03
    largest = num2 #04
else: #05
    largest = num3 #06
print("제일 큰 숫자 = ", largest)
```

코드 해설

01-04 라인은 조건식에서 관계 연산자인 '>='과 논리 연산자인 'and'를 사용하고 있습니다. num1이 num2, num3 보다 큰지, 아니면 num2가 num1, num3 보다 큰지를 비교해서 제일 큰 숫자를 찾습니다.

여기서는 관계식을 ( ) 안에 기술했으나 사실 괄호가 없어도 됩니다. 관계 연산자는 논리 연산자보다 연산의 우선순위가 높기 때문입니다. 하지만 여기서는 괄호를 사용하는 것이 더 좋습니다. 이 코드는 괄호를 사용하면 연산의 우선순위가 더 분명해지고 코드를 읽기가 편하기 때문입니다.

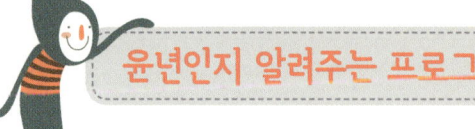 윤년인지 알려주는 프로그램

입력된 년도가 윤년인지 아닌지를 알려주는 프로그램을 살펴봅시다. 윤년을 판별하는 기준은 다음과 같습니다.

- 년도가 4의 배수이면 윤년입니다.
- 그러나 그 중에서 100의 배수인 년도는 윤년이 아닙니다.
- 400의 배수인 년도는 윤년입니다.

실행 결과

```
년도를 입력하세요 : 1900
윤년이 아닙니다.
>>>

년도를 입력하세요 : 2000
윤년입니다.
>>>
```

▶ sam28.py

```python
year = int(input("년도를 입력하세요 : "))
if ((year % 4 == 0 and year % 100 != 0) or year % 400 == 0):   #01
    print("윤년입니다.")
else:
    print("윤년이 아닙니다.")
```

코드 해설

01 라인에 조건식으로 윤년을 판별하는 공식을 기술했습니다. 4로 나누어지면서 100

으로는 나누어지지 않는 조건은 'and'로 묶었습니다. 이 조건식은 연산의 우선순위에 따라 산술 연산자, 관계 연산자, 논리 연산자 순으로 연산됩니다.

이런 경우는 괄호가 너무 많으면 오히려 복잡해 보여 괄호를 적극적으로 사용하지 않았습니다.

이 코드는 다음과 같이 코딩할 수도 있습니다.

▶ sam29.py

```python
year = int(input("년도를 입력하세요 : "))
if (year % 4) == 0:
    if (year % 100) == 0:
        if (year % 400) == 0:
            print("윤년입니다.")
        else:
            print("윤년이 아닙니다.")
    else:
        print("윤년입니다.")
else:
    print("윤년이 아닙니다.")
```

나도 알고리즘을 따라서 움직여!!

아주 간단한 작업도 알고리즘을 미리 정리하는게 좋아

참고하세요

앞의 2개 코드에서 여러분은 서로 다른 2개의 알고리즘(Algorithm)을 경험했습니다. 학문적인 정의를 벗어나 알고리즘을 아주 간단히 정의하면 '순서'라고 할 수도 있고, '방법론'이라고 할 수도 있습니다. 하나의 문제를 해결하기 위한 '논리적인 절차'나 '논리 순서'를 알고리즘이라고 합니다. 위의 2개 코드를 대상으로 말하자면 '윤년을 구분하기 위한 명령문의 기술 순서' 또는 '윤년을 구분하기 위한 논리의 흐름'이 곧 알고리즘입니다. 흔히 '컴퓨팅 사고력(Computational Thinking)'이 중요하다고 하는 것은 이런 알고리즘을 개발하는 능력이 중요하다는 의미입니다. 바둑, 장기, 화투, 당구와 같이 곰곰이 생각면서 진행하는 게임을 잘하시는 분들은 이미 알고리즘 개발에 소질이 있는 겁니다. 왜냐하면 뛰어난 프로그래머가 되려면 몇 단계 앞을 내다보고 하나씩 순서를 따져서 일을 진행하는 습관이 매우 중요하기 때문입니다.

스마트폰 통신 요금 계산 프로그램

이제 조금 긴 코드를 하나 살펴 봅시다. 일단 코드가 길면 두려워지겠지만 내용은 별거 아닙니다. 'sam30.py'를 실행시켜 보세요.

다음의 실행 결과와 같이 출력하는 프로그램입니다.

실행 결과

```
음성 통화 시간(분)을 입력하세요 : 200
문자 전송 건수를 입력하세요 : 400
데이터 사용량(MB)을 입력하세요 : 500

음성 통화 요금 :   8640
문자 전송 요금 :   4000
데이터    요금 :  11000
이달 통신 요금 :  53640
```

▶ sam30.py

```python
# 값을 입력 받습니다.
voice = float(input("음성 통화 시간(분)을 입력하세요 : "))
character = float(input("문자 전송 건수를 입력하세요 : "))
data = float(input("데이터 사용량(MB)을 입력하세요 : "))

# 초과 사용량을 계산합니다.
v_over = voice - 100
c_over = character - 200
d_over = data - 300
```

```python
# 음성 통화 요금을 계산합니다.
if v_over < 0:
    v_pay = 0
elif v_over <= 50:
    v_pay = v_over * 60 * 1.56
elif v_over <= 100:
    v_pay = v_over * 60 * 1.44
else:
    v_pay = v_over * 60 * 1.25
# 문자 전송 요금을 계산합니다.
if c_over < 0:
    c_pay = 0
else:
    c_pay = c_over * 20 # 초과시 건당 20원
# 데이터 사용 요금을 계산합니다.
if d_over < 0:
    d_pay = 0
else:
    d_pay = d_over * 55 # 초과시 MB(Mega Bytes) 당 55원
# 총금액을 계산합니다.
pay = v_pay + c_pay + d_pay + 30000
print()
print("음성 통화 요금 : ", int(v_pay))
print("문자 전송 요금 : ", int(c_pay))
print("데이터    요금 : ", int(d_pay))
print("이달 통신 요금 : ", int(pay))
```

이 코드를 해독하여 다음의 괄호를 채워 보세요(정답은 'sam30.py' 안에...).

기본 요금 : ❶ _____ 원

기본 서비스
음성 통화 : ❷ _____ 분
문자 전송 : ❸ _____ 건
데이터 사용 : ❹ _____ MB

초과 요금
음성 통화 ❺ _____ 분 이하 초과는 초당 ❻ _____ 원
음성 통화 ❼ _____ 분 이하 초과는 초당 ❽ _____ 원
음성 통화 ❾ _____ 분 넘으면 초당 ❿ _____ 원

초대권 할인 입장료 계산 프로그램

새로 오픈하는 놀이동산에서 초대권을 발행했습니다. 초대권을 가진 사람은 할인을 해주며 또한 나이별로 입장료와 할인율이 다음과 같이 다르게 적용됩니다.

- 5세 이하 : 입장료 5000원 / 초대권 50% 할인
- 13세 이하 : 입장료 7000원 / 초대권 30% 할인
- 20세 이하 : 입장료 9000원 / 초대권 20% 할인
- 21세 부터 : 입장료 10000원 / 초대권 할인 없음

위 조건에 따라 입장료를 계산하는 프로그램을 중첩 if 문을 사용하여 만들어 봅시다.

```
실행 결과

나이를 입력하세요 : 15
초대권이 있나요('Y', 'y') : y
입장료 : 7200
>>>
```

```
나이를 입력하세요 : 5
초대권이 있나요('Y', 'y') : Y
입장료 : 2500
>>>
나이를 입력하세요 : 5
초대권이 있나요('Y', 'y') : n
입장료 : 5000
>>>
```

▶ sam31.py

```python
age = int(input("나이를 입력하세요 : "))
ticket = input("초대권이 있나요('Y', 'y') : ")
if age <= 5: #01
    if ticket == "Y" or ticket == "y": #02
        fee = 5000 * 0.5 #03
    else: #04
        fee = 5000 #05
elif age <= 13: #06
    if ticket == "Y" or ticket == "y":
        fee = 7000 * 0.7
    else:
        fee = 7000
elif age <= 20:
    if ticket == "Y" or ticket == "y":
        fee = 9000 * 0.8
    else:
        fee = 9000
```

```
else: #07
    fee = 10000 #08
print("입장료 :", int(fee)) #09
```

코드 해설

한 사람의 입장료를 계산하기 위해서 2개의 조건 즉, 나이와 초대권의 소지 여부를 검사해야 합니다. 01 라인에서는 5세 이하인가를 검사하여 5세 이하가 아니면 06 라인으로 이동합니다. 5세 이하인 경우에는 또 다시 초대권이 있는가를 검사해야 합니다.

02 라인에서 초대권이 있는가를 검사하여 초대권이 있으면 03 라인을 실행하고 09 라인으로 이동합니다. 그러나 초대권이 없으면 04, 05 라인이 실행되고 09 라인으로 이동합니다.

이후 라인들도 나이별로 위와 동일하게 실행되며, 21세부터는 07, 08 라인이 실행되고 09 라인이 실행됩니다.

가위, 바위, 보 게임 프로그램

컴퓨터와 가위, 바위, 보 게임을 하는 이 프로그램도 중첩 if 문을 사용합니다. 또한 1에서 3 사이의 임의의 난수를 발생시키기 위해서 random 모듈의 randint 메소드도 사용합니다.

먼저 프로그램을 실행시키고 다음과 같은 게임을 해보세요.

실행 결과

```
1, 2, 3 중 하나를 선택하세요.
가위-1, 바위-2, 보-3 : 1

컴퓨터가 이겼어요!
당신은 '가위'입니다.
컴퓨터는 '바위'입니다.
>>>

1, 2, 3 중 하나를 선택하세요.
가위-1, 바위-2, 보-3 : 3
비겼어요!
>>>
```

▶ sam32.py

```python
import random #01

print("1, 2, 3 중 하나를 선택하세요.") #02
user = int(input("가위-1, 바위-2, 보-3 : ")) #03
computer = random.randint(1, 3) #04

if user == computer: #05
    print("비겼어요!") #06

elif user == 1: #07
    if computer == 2: #08
        print() #09
        print("컴퓨터가 이겼어요!") #10
        print("당신은 '가위'입니다.")
        print("컴퓨터는 '바위'입니다.") #11
```

검사할 것이 많으면 조건식을 계속 추가해요

```
        else: #12
            print() #13
            print("당신이 이겼어요!")
            print("당신은 '가위'입니다.")
            print("컴퓨터는 '보'입니다.") #14
    elif user == 2:
        if computer == 1:
            print()
            print("당신이 이겼어요!")
            print("당신은 '바위'입니다.")
            print("컴퓨터는 '가위'입니다.")
        else:
            print()
            print("컴퓨터가 이겼어요!")
            print("당신은 '바위'입니다.")
            print("컴퓨터는 '보'입니다.")
    elif user == 3:
        if computer == 1:
            print()
            print("컴퓨터가 이겼어요!")
            print("당신은 '보'입니다.")
            print("컴퓨터는 '가위'입니다.")
        else:
            print()
            print("당신이 이겼어요!")
            print("당신은 '보'입니다.")
            print("컴퓨터는 '바위'입니다.")
```

코드 해설

01 라인은 random 모듈을 프로그램에서 사용할 수 있도록 합니다. random 모듈을 import 해야 03 라인의 randint 메소드를 사용할 수 있습니다. 03 라인에서는 사용자의 입력을 받아들여 user 변수에 할당합니다. 이 라인을 통해 사용자가 가위, 바위, 보 중 하나를 낼 수 있도록 합니다.

04 라인에서는 컴퓨터가 가위, 바위, 보 중 하나를 냅니다. 컴퓨터도 1, 2, 3 중 하나의 값을 가져야 하기 때문에 random.randint(1, 3) 메소드를 사용했습니다. 이 메소드는 1에서 3 사이의 임의의 정수를 만들어서 computer 변수에 할당합니다. 이 값은 프로그램을 실행할 때마다 달라지기 때문에 '난수'라고 합니다.

05-06 라인은 user 변수와 computer 변수의 값은 같을 때 처리합니다.
07-14 라인은 user 변수가 1("가위")일 때 computer 변수가 2("바위")인지, 아니면 3("보")인지를 따져서 승패 메시지를 출력합니다. user가 1일 때 computer가 1인 경우는 이미 05-06 라인에서 검사했으므로 여기서는 computer가 2인지, 3인지만 검사하면 됩니다. 이후 라인들도 동일한 논리로 사용자와 컴퓨터 간의 승패를 따집니다.

요점 정리

- 검사할 조건이 많아지면 if...elif...else 문을 사용합니다.
- 따옴표 내에서 따옴표를 사용할 때는 겹따옴표(") 내에서는 홑따옴표(')를 사용하고, 홑따옴표(') 내에서는 겹따옴표(")를 사용합니다.
- if 문 블록 내에서 또 if 문을 사용할 수 있으며 이를 중첩 if 문이라고 합니다.
- randint(n1, n2) 메소드는 n1~n2 사이의 정수 난수를 반환하며, 이 메소드를 사용하려면 먼저 random 모듈을 import 해야 합니다.

반복해서 여러 번 실행할 수 있어요

프로그램은 프로그래머가 작성한 순서대로 명령문을 위에서부터 아래로 실행됩니다. 그러나 앞서 배운 3가지 형식의 if 문을 사용하면 조건식에 따라 실행 흐름을 이리저리 바꿀 수 있었습니다.

이번에는 반복문을 배워 명령문을 필요한 만큼 반복해서 실행할 수 있습니다.

for문으로 반복 실행해요

반복문에는 for 문과 while 문이 있습니다. 여기서는 먼저 for 문을 살펴봅니다.
for 문을 사용하는 'sam33.py'를 실행시켜 보세요.

```
실행 결과

그냥 5개 라인을 출력합니다.
**********
**********
**********
**********
**********
for 문으로 5개 라인을 출력합니다.
**********
**********
```

```
**********
**********
**********
>>>
```

▶ sam33.py

```python
print("그냥 5개 라인을 출력합니다.")

print("**********") #01
print("**********")
print("**********")
print("**********")
print("**********") #02

print("for 문으로 5개 라인을 출력합니다.")

for i in range(5): #03
    print("**********") #04
```

코드 해설

동일한 실행 결과를 출력하지만 01, 02 라인에 비해 03, 04 라인은 아주 간단합니다. range (5)의 5를 다른 숫자로 바꾸면 더 많은 라인도 자유롭게 출력할 수 있지요. for 문의 기본 형식은 다음과 같습니다.

```
for 변수 in range(반복횟수):
    명령문
    명령문
    ......
```

- for 문 제일 뒤에 콜론(:)을 기술합니다.
- for 문 아래의 명령문 블록은 오른쪽으로 들여쓰기가 되며 반복 실행됩니다.
- '변수'에는 임의의 변수를 기술합니다.
- '반복 횟수'에는 숫자, 변수, 수식을 기술할 수 있습니다.

원하는 다각형을 그리는 거북이 프로그램

이 프로그램은 사용자가 다각형의 변의 개수와 변의 길이를 입력하면 해당 다각형을 그려줍니다.

실행 결과

```
몇 각형을 그리시겠습니까? : 6
변의 길이를 입력하세요 : 100
>>>
```

실행 결과

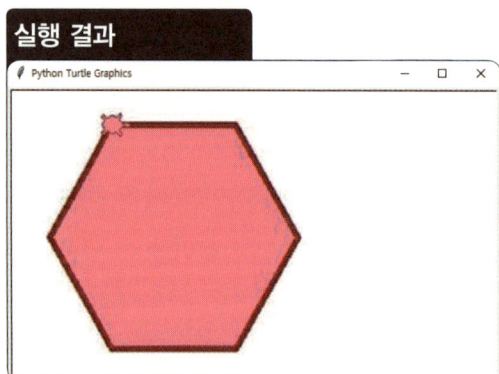

▶ sam34.py

```python
side = int(input("몇 각형을 그리시겠습니까? : "))
length = int(input("변의 길이를 입력하세요 : "))
```

```python
import turtle as t

t.shape("turtle") # 거북이 모양을 지정
t.speed(1) # 거북이 속도를 제일 느리게로 지정
t.pensize(5) # 펜의 크기를 지정

t.pencolor("darkred") # 펜의 색을 지정
t.fillcolor("hotpink") # 도형 내부 색을 지정

t.penup() # 펜을 들어 거북이가 이동해도 선이 그려지지 않음
t.goto(-100, 150) # 거북이가 왼쪽으로 100 픽셀, 위로 150 픽셀 이동
t.pendown() # 펜을 내려 다시 선이 그려지게 함

angle = 360/side # 회전 각도를 지정

t.begin_fill() # 여기부터 내부 색을 칠함

for x in range(side): #01
    t.forward(length) #02
    t.right(angle) #03

t.end_fill() #여기까지 내부 색을 칠함
```

코드 해설

01 라인의 for 문은 사용자가 입력한 side의 값만큼 02, 03 라인을 반복 실행합니다.

02 라인은 사용자가 입력한 길이만큼 이동합니다.

03 라인은 angle 값만큼 오른쪽으로 회전합니다.

100개의 원을 그리는 거북이 프로그램

'sam35.py'를 실행시키면 다음과 같이 반복해서 원이 그려집니다.

실행 결과

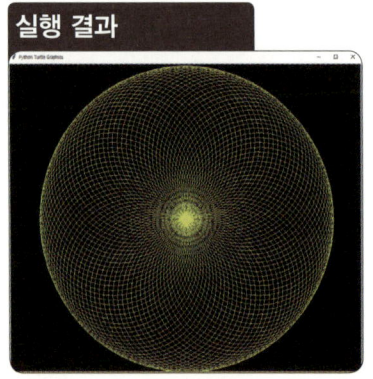

▶ sam35.py

```
import turtle as t
t.bgcolor("black") # 배경색 지정
t.color("yellow") # 선색 지정
t.speed(0) # 속도를 제일 빠르게 지정
count=100
for num in range(count): # 01
    t.circle(200) #02
    t.left(360/count) #03
```

코드 해설

01 라인은 count 값만큼 02, 03 라인을 반복 실행합니다.

02 라인은 circle 메소드로 반지름이 200픽셀인 원을 그립니다.

03 라인은 (360/count) 값만큼 왼쪽으로 회전합니다.

 **range 함수는 숫자를 만들어요**

'sam36.py'를 실행시켜 보세요.

실행 결과
```
0
1
2
3
4
```

▶ **sam36.py**
```python
for num in range(5): #01
    print(num) #02
```

코드 해설

for 문의 변수 num을 출력했더니 0에서 4까지 출력됩니다. 이 for 문은 다음과 같이 실행됩니다.

❶ 01 라인이 실행되면서 range 함수에 의해 0이 만들어지고 0이 num 변수에 할당됩니다. 02 라인의 print(num)이 실행됩니다.

❷ 다시 01 라인이 실행되면서 range 함수에 의해 1이 만들어지고 1이 num 변수에 할당됩니다. 02 라인의 print(num)이 실행됩니다.

❸ 다시 01 라인이 실행되면서 range 함수에 의해 2가 만들어지고 2가 num 변수에 할당됩니다. 02 라인의 print(num)이 실행됩니다.

❹ 다시 01 라인이 실행되면서 range 함수에 의해 3이 만들어지고 3이 num 변수에 할당됩니다. 02 라인의 print(num)이 실행됩니다.

❺ 다시 01 라인이 실행되면서 range 함수에 의해 4가 만들어지고 4가 num 변수에 할당됩니다. 02 라인의 print(num)이 실행됩니다.

range(s)는 0에서 4까지 하나씩 숫자를 만들며 그 값들이 차례로 num에 할당됩니다. range( ) 함수는 인수에 기술된 숫자보다 하나 작은 값까지 만든다는 것에 주의해야 합니다.

구구단을 출력하는 프로그램

'sam37.py'를 실행시켜 사용자가 선택한 구구단을 출력해 보세요.

실행 결과

```
몇 단을 출력할까요? : 8

8 * 1 = 8
8 * 2 = 16
  ⋮
8 * 8 = 64
8 * 9 = 72
>>>
```

▶ **sam37.py**

```python
dan = int(input("몇 단을 출력할까요? : "))
print()

for num in range(1, 10):   #01
    print(dan, "*", num, "=", dan*num)   #02
```

코드 해설

01 라인은 1에서 9까지의 숫자를 하나씩 num 변수에 할당하면서 02 라인을 9번 반복 실행합니다. 시작 값은 1, 종료 값은 10을 지정해야 1에서 9까지 구구단이 완성됩니다.

02 라인은 변수 dan과 num의 값, 그리고 dan과 num을 곱한 값을 출력합니다.

리스트를 사용할 수도 있어요

변수는 한 개의 값에 할당되는 이름이지만, 리스트(list)는 한 개 이상의 값들에 할당되는 이름입니다.

오랜만에 셸 창을 열고 다음과 같이 입력해 보세요.

```
>>> a = [0, 1, 2, 3, 4]
>>> a[0]
0
>>> a[1]
1
>>> a[2]
2
>>> a[3]
3
>>> a[4]
4
```

리스트는 다음과 같이 사용합니다.

- 리스트는 대괄호 안에 콤마로 구분해서 값을 기술합니다.
- 리스트를 구성하는 값들을 요소(element)라고 합니다.(리스트 a는 5개의 요소로 구성되었습니다.)
- 각 요소는 '리스트 이름[순서 번호]'와 같이 구분할 수 있습니다.
- 순서 번호는 숫자, 변수, 수식이 될 수 있으며 이를 인덱스(index)라고 합니다.

리스트는 다음과 같이 문자열과 숫자를 혼합해서 구성할 수도 있습니다.

```
>>> ele = ["사과", "apple", 100, "###"]
>>> ele[0]
'사과'
>>> ele[1]
'apple'
>>> ele[2]
100
>>> ele[3]
'###'
>>>
```

앞서 나온 2개의 리스트를 그림으로 표현하면 다음과 같습니다.

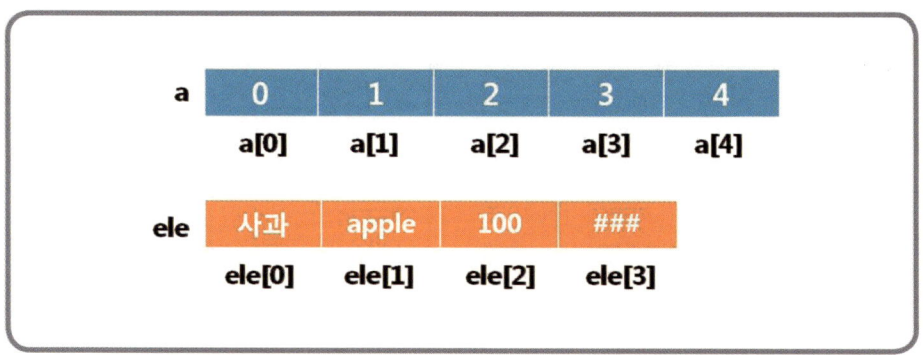

리스트는 반복문과 함께 사용되는 경우가 많습니다. 리스트와 for 문을 함께 사용하는 예를 살펴봅시다.

임의의 색으로 변을 그리는 거북이 프로그램

다음 프로그램은 5개의 색 중 하나를 선택해서 4각형의 각 변을 그립니다. 변의 색을 결정할 때 난수를 사용하기 때문에 실행시킬 때마다 각 변의 색이 달라집니다.

실행 결과

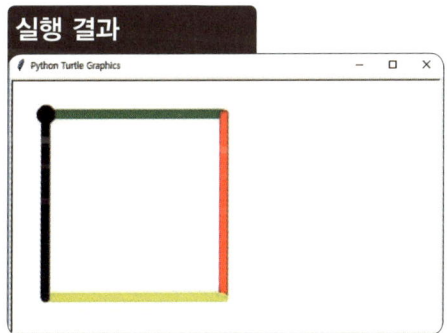

▶ **sam38.py**

```python
import turtle as t
import random as r #01

lst = ["red", "blue", "green", "yellow", "black"] #02

t.shape("circle") # 거북이 대신 원으로 표시
t.pensize(10) # 펜 크기 지정
t.speed(5) # 속도 지정

length = 200 # 이동 길이
angle = 360/4 # 회전 각도

for i in range(4): #03
    n = r.randint(0, 4) #04
```

```
        t.color(lst[n]) #05
        t.forward(length) #06
        t.right(angle) #07
```

코드 해설

01 라인은 random 모듈을 import합니다. 이는 04 라인에서 randint 메소드를 사용하기 때문입니다. 02 라인은 색이름으로 리스트를 구성하여 lst라는 이름을 할당합니다. 이 리스트는 05 라인에서 사용됩니다.

03 라인은 04-07 라인을 4번 반복 실행합니다. 04 라인은 0에서 4까지 5개의 임의의 정수 난수를 발생시킵니다. 05 라인은 정수 난수를 인덱스로 사용해서 리스트에 있는 색 중에서 하나를 지정합니다. 06 라인은 length 값만큼 앞으로 이동합니다. 07 라인은 angle 값만큼 오른쪽으로 회전합니다.

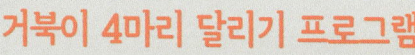

거북이 4마리 달리기 프로그램

'sam39.py'를 실행시키면 4마리의 거북이가 차례대로 나와서 달려갑니다.
게임은 아니지만 게임과 같은 이 코드도 for 문과 리스트를 결합하여 사용하는 예를 보여줍니다.

▶ sam39.py

```python
import turtle as t #01
import random as r #02
c = ["red", "white", "yellow", "blue"] #03 4가지 색 리스트
tn = ["t1", "t2", "t3", "t4"] #04 거북이 이름 리스트
t.bgcolor("black") #05 화면 배경색 지정
for i in range(4): #06 4마리를 반복
    tn[i] = t.Turtle() #07 거북이 하나씩 탄생
    tn[i].shape("turtle") #08 거북이 모양 지정
    tn[i].color(c[i]) #09 거북이마다 색 지정
    tn[i].penup() #10 펜을 들어 올림
    tn[i].goto(-300, i*80) #11 시작 위치로 이동
    tn[i].pendown() #12 펜을 내림
    tn[i].pensize(5) #13 펜 크기 지정
    tn[i].speed(1) #14 속도 지정
    tn[i].forward(r.randint(1, 600)) #15 달리는 길이 지정
```

코드 해설

01, 02 라인은 필요한 모듈을 import합니다. 02 라인의 random 모듈은 15 라인의 randint 메소드를 사용하기 위한 것입니다.

03 라인의 c 리스트는 4개의 색이름으로 구성됩니다. 이 리스트의 요소들은 09 라인에서 하나씩 사용됩니다. 04 라인의 tn 리스트는 만들어질 거북이들의 이름입니다.

06 라인은 0, 1, 2, 3의 4개 숫자를 만들면서 명령문 블록인 07-15 라인을 4번 반복합니다. 07 라인은 Turtle 메소드로 거북이를 만들어서 t1, t2, t3, t4 등의 이름을 할당합니다.

첫 번째 반복할 때 i는 0입니다. 그래서 tn[i]는 tn[0]이며, tn[0]은 리스트의 첫 번째 요소인 't1'으로 바뀝니다.

두 번째 반복할 때 i가 1이므로, tn[i]는 tn[1]이 되어, 리스트의 두 번째 요소인 't2'로 바뀌게 됩니다. 이러한 방식으로 07 라인이 4번 반복 실행되면서 t1부터 t4까지 4마리의 거북이를 만듭니다.

08 라인은 각 거북이의 모양을 지정합니다. 09 라인은 반복될 때마다 거북이들에게 각기 다른 색을 지정합니다.

첫 번째 반복할 때는 color(c[i])는 color(c[0])이 되며, c[0]은 'red'이므로 최종적으로 color("red")가 됩니다.

두 번째 반복할 때는 color(c[i])는 color(c[1])이 되며, c[1]은 'white'이므로 최종적으로 color("white")가 됩니다. 이렇게 반복되면서 4가지 색이 지정됩니다.

10-12 라인은 거북이를 서로 다른 위치로 이동시킵니다. 이동할 때는 선이 그려지지 않아야 하므로, 펜을 들어올리고 이동한 후 다시 펜을 내립니다.

13-15 라인은 펜의 크기와 이동 속도를 지정하고 선을 그립니다. 15 라인에서는 randint 메소드를 사용하여 1픽셀에서 600픽셀 사이에서 이동하도록 했습니다.
이 메소드가 반복 실행될 때마다 1에서 600 사이의 난수가 발생하기 때문에 거북이마다 이동하는 거리가 서로 달라지게 됩니다.

for 문은 2가지가 더 있어요

이제 for 문의 또다른 형식을 보여주는 'sam40.py'를 실행시켜 보세요.

실행 결과

```
1
2
3
4
5
6
=====
1
3
5
>>>
```

▶ sam40.py

```python
for num in range(1, 7): #01
    print(num) #02

print("=====")

for x in range(1, 7, 2): #03
    print(x) #04
```

코드 해설

01 라인은 1부터 시작해서 6까지(7까지가 아님) 1씩 증가시켜서 숫자를 만듭니다.

03 라인은 1부터 시작해서 6까지(7까지가 아님) 2씩 증가시켜서 숫자를 만듭니다.

이 코드에서 사용한 for 문의 형식은 다음과 같습니다.

　　for 변수 in range(시작값, 원하는종료값+1):
　　　　명령문
　　　　명령문
　　　　‥‥‥

　　for 변수 in range(시작값, 원하는종료값+1, 증감값):
　　　　명령문
　　　　명령문
　　　　‥‥‥

자, 이제 for 문을 활용해서 프로그램을 작성해 봅시다!

태극무늬를 그리는 거북이 프로그램

이제 'sam41.py'를 실행시키면 for 문을 이용한 태극 무늬가 그려집니다. 이런 작업은 for 문이 없으면 정말 구현하기가 힘들지요.

▶ sam41.py

```python
import turtle as t
angle = 88
t.pensize(3)
t.speed(0)
for x in range(300): #01
    if x%2 ==0: #02
        t.color("red") #03
    else: #04
        t.color("blue") #05
    t.forward(x) #06
    t.left(angle) #07
```

코드 해설

01 라인은 0에서 299까지의 정수를 x에 할당하면서 07 라인까지 300번을 반복합니다. 02-05 라인은 x 값이 짝수이면 빨간색, 홀수이면 파란색으로 선의 색을 바꿉니다. 06-07 라인은 x 만큼 앞으로 이동하고, angle 만큼 왼쪽으로 회전합니다.

팩토리얼을 구하는 프로그램

1부터 특정 수까지의 모든 자연수의 곱을 팩토리얼(factorial, !)이라고 하지요. 사용자가 입력한 수의 팩토리얼을 구하는 프로그램을 봅시다.
다음과 같이 출력되어야 합니다.

실행 결과

```
숫자를 입력하세요 : 3
3! = 6
>>>
숫자를 입력하세요 : 5
5! = 120
>>>
숫자를 입력하세요 : 0
0 팩토리얼은 1 입니다.
>>>
숫자를 입력하세요 : -5
음수 팩토리얼은 없습니다.
```

▶ **sam42.py**

```python
num = int(input("숫자를 입력하세요 : "))
factorial = 1
if num < 0: #01
    print("음수 팩토리얼은 없습니다.") #02
elif num == 0: #03
    print("0 팩토리얼은 1 입니다.") #04
else: #05
    for i in range(1, num + 1): #06
        factorial = factorial * i #07
    print(str(num)+"!" + " = " + str(factorial)) #08
```

🖥 코드 해설

01 라인에서는 음수인지를 검사하여 음수면 02 라인을 실행하고 프로그램이 끝납니다. 음수가 아니면 03 라인으로 이동하여 0인지를 검사하여 0이면 04 라인을 실행하고 프로그램이 끝납니다. 0이 아니면 05 라인으로 이동하여 팩토리얼을 구하기 위해 06, 07 라인이 실행된 후 08 라인이 실행됩니다.

06 라인의 range( ) 함수는 시작값을 1, 종료값을 num+1로 지정했습니다. 종료값은 항상 1이 더 큰 값을 지정해야 하기 때문입니다.
07 라인은 숫자들을 계속 곱합니다. 08 라인도 else: 블록의 일부라는 것을 유의해야 합니다.

카운트다운을 세는 프로그램

인공위성을 발사할 때 발사 시간을 카운트다운하는 장면을 볼 수 있습니다.
카운트다운을 할 때는 숫자를 거꾸로 세어야 하지요. 'sam43.py'는 카운트다운을 흉내내는 프로그램입니다.

실행 결과

```
숫자를 입력하세요 : 10
10! 9! 8! 7! 6! 5! 4! 3! 2! 1! 0! 발사!
>>>
```

▶ sam43.py

```python
count = int(input("숫자를 입력하세요 : "))
for cnt in range(count, -1, -1):  #01
    print(cnt, end="! ")  #02
print("발사!")  #03
```

코드 해설

01 라인은 사용자가 입력한 값이 시작값이고, 종료값은 0, 증감값은 -1입니다.

02 라인은 사용자가 입력한 값부터 0까지 숫자를 출력하는데 1개 라인에 연속 출력합니다. 이 때, print 문에 end=" "을 사용하면 줄바꿈이 일어나지 않습니다. 여기에 '!'를 사용해 숫자가 출력될 때 함께 출력되도록 합니다.

인구증가표 작성 프로그램

K시의 2018년 인구수는 50만명입니다. 이 도시는 2년마다 3%씩 인구가 증가하고 있습니다. 2018년부터 2030년까지 2년 간격으로 다음과 같이 인구 증가표를 작성할 수 있습니다.

실행 결과

```
년도   인구수
====   =====
2018   500000
2020   515000
2022   530450
2024   546363
```

```
2026  562753
2028  579635
2030  597024
>>>
```

아래 코드의 빈칸을 완성하세요.

▶ sam44.py

```
pop = 500000
print("년도 인구수")
print("==== ======")
for ❶_____ in range(❷_____):
    print(year, pop)
    pop = pop + int(pop*0.03)
```

단리, 복리 투자금액 계산 프로그램

100만원을 단리 5%로 투자하면 매년 5만원씩 증가합니다. 그러나 복리 5%로 투자하면 년초 금액의 1.05배가 됩니다. 100만원을 투자했을 때 5년 간의 단리, 복리 금액을 다음과 같이 출력하는 프로그램을 살펴보고 다음에 나올 코드의 빈칸을 완성해 봅시다.

실행 결과

```
년  단리     복리
1  1050000  1050000
```

```
2 1100000 1102500
3 1150000 1157625
4 1200000 1215506
5 1250000 1276281
>>>
```

▶ sam45.py

```
dan = 1000000
bok = dan
print("년    단리     복리")
❶ _____ :
    dan = dan + 50000
    bok = bok * 1.05
    print(year, int(dan), int(bok))
```

요점 정리

- for 문은 명령문 블록을 반복해서 실행합니다.
- for 문은 시작값, 종료값, 증감값을 지정할 수도 있습니다.
- range( ) 함수는 인수에 기술된 숫자보다 하나 작은 값까지 숫자를 만듭니다.
- 리스트(list)는 한 개 이상의 값에 할당되는 이름입니다.
- 리스트를 구성하는 값들을 요소(element)라고 하며 각 요소는 인덱스(index)로 구분합니다.

조건이 맞으면 반복하고 안맞으면 안 해버려요

for 문을 사용하면 일정 값의 구간 동안 반복을 할 수 있습니다. 여기서 배우는 while 문은 조건에 따라 반복 여부를 결정합니다.
다음 코드를 보세요.

실행 결과

```
**********
**********
**********
**********
**********
>>>
```

▶ sam46.py

```python
n=0  #01

while n < 5:  #02
    print("**********")  #03
    n = n +1  #04
```

🖳 코드 해설

이 코드는 for 문에서 보았던 'sam33.py'를 while 문을 사용해서 구현한 것입니다.

01 라인에서 변수 n에 0을 할당합니다. 02 라인에서는 n이 5보다 작은지를 검사하여 참이면 03, 04 라인을 실행합니다. 따라서 n이 0일 때부터 4가 될 때까지 03, 04 라인이 반복 실행됩니다. n이 5가 되면 프로그램의 실행이 끝납니다.

for 문으로도 되는데 왜 while 문이 있을까요?

while 문은 반복 횟수를 모를 때 주로 사용합니다

암호를 검사하는 경우를 생각해 봅시다. 사용자가 입력하는 암호가 틀리면 계속해서 암호를 다시 입력하게 해야 합니다. 이 경우 사용자가 몇 번 만에 암호를 제대로 입력할 지는 알 수가 없습니다. 그럴 때 while 문이 유용합니다.

암호를 검사하기 위한 코드를 보세요.

이 코드는 사용자가 올바른 암호를 입력할 때까지 반복해서 암호를 입력하도록 합니다.

실행 결과

```
암호를 입력하세요 : 123
암호를 입력하세요 : py
암호를 입력하세요 : py123
암호를 입력하세요 : python123

로그인에 성공하셨습니다!
>>>
```

▶ sam47.py

```python
pw = "python123" #01
user_pw = " " #02

while user_pw != pw: #03
    user_pw = input("암호를 입력하세요 : ") #04

print() #05
print("로그인에 성공하셨습니다!") #06
```

코드 해설

01 라인의 pw 변수에는 등록된 암호가 할당됩니다. 02 라인의 user_pw 변수에는 사용자가 입력하는 암호가 할당되는데 초기값으로 공백 문자를 할당했습니다. 03 라인에서는 사용자가 입력한 암호와 시스템에 등록된 암호를 비교하여, 다르면 04 라인을 실행하고, 같으면 05 라인으로 이동합니다.

while 문의 사용 형식은 다음과 같이 간단합니다.

```
while 조건식:
    조건식이 참일 때 실행될 명령문들
```

while 문은 조건식에 따라 반복을 하기 때문에 다양하게 사용됩니다.
while 문을 사용하는 또 다른 프로그램을 살펴봅시다.

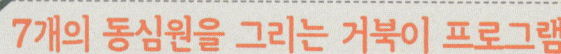

7개의 동심원을 그리는 거북이 프로그램

다음 코드는 while 문을 사용해서 7개의 동심원을 반복해서 그립니다.

실행 결과

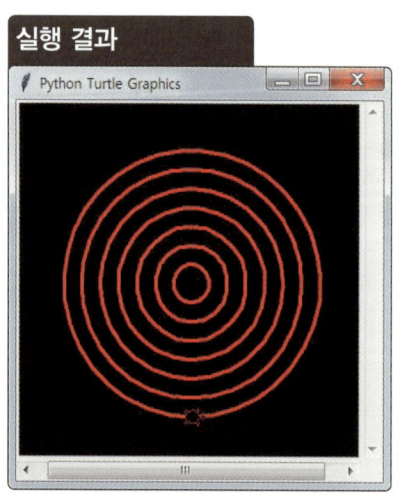

▶ sam48.py

```python
import turtle as t
t.bgcolor("black")
t.pencolor('red')
t.pensize(4)
t.shape('turtle')

s = t.Screen() #01
s.setup(400, 400) #02

n=0 #03
while n < 7: #04
    n=n+1 #05
    t.penup() #06
```

```
    t.setpos(0, -n*20) #07
    t.pendown() #08
    t.circle(20*n) #09
```

🖥 코드 해설

01, 02 라인은 스크린의 크기를 조절합니다. 03 라인에서 변수 n에 0을 할당하고 04 라인에서 n이 7보다 작은가를 검사합니다. 7보다 작으면 04-09 라인을 반복 실행합니다. n이 7이 되면 프로그램의 실행이 끝납니다.

06 라인에서 펜을 들어올려 이동해도 선이 그어지지 않게 합니다. 07 라인은 t.goto(0, -n*20)으로 기술해도 됩니다. 시작 위치를 이동합니다. 08 라인은 다시 펜을 내려 그려지는 상태가 됩니다. 09 라인에서는 반지름이 20*n인 원을 그립니다.

주사위 던지기 게임 프로그램

프로그램을 실행하면 메시지가 표시되고 주사위 2개의 값이 출력됩니다.
계속하려면 'Y'나 'y'를 입력합니다.

실행 결과

```
주사위 2개를 굴립니다....
주사위는 다음과 같습니다!
3 4
계속하실래요? y
```

```
주사위 2개를 굴립니다....
주사위는 다음과 같습니다!
5 2
계속하실래요? Y

주사위 2개를 굴립니다....
주사위는 다음과 같습니다!
6 5
계속하실래요?
```

▶ sam49.py

```python
import random #01
min = 1 #02
max = 6 #03
roll_again = "y" #04
while roll_again == "Y" or roll_again == "y": #05
    print("주사위 2개를 굴립니다....") #06
    print("주사위는 다음과 같습니다!") #07
    print(random.randint(min, max), end=" ") #08
    print(random.randint(min, max)) #09
    roll_again = input("계속하실래요? ") #10
    print() #11
```

코드 해설

01 라인은 random 모듈을 import합니다. 08, 09 라인에서 randint 메소드를 사용하기 때문입니다.

02, 03 라인은 2개 변수에 초기값을 할당합니다. 만약 이 라인을 삭제하면 08, 09 라인을 어떻게 수정해야 하는지 생각해보세요.

05 라인은 게임을 계속 진행할지 여부를 검사합니다. 08, 09 라인은 1에서 6까지의 난수를 발생시켜 주사위 값을 결정합니다.

오늘의 운수를 점치는 프로그램

다음 코드는 사용자가 아무 키나 누르면 사용자의 오늘의 운수를 알려줍니다. 운수 메시지는 8가지가 있으며 이 메시지들은 난수에 의해 무작위로 결정됩니다. 사용자가 입력하는 값은 단지 코드의 실행을 진행시킬 뿐, 운수 메시지와는 관련이 없다는 점을 유의해야 합니다.

실행 결과

```
아무 키나 누르고 엔터를 치세요.
그냥 엔터만 치면 실행이 끝납니다!
r
뜻밖의 행운이 굴러와요!
아무 키나 누르고 엔터를 치세요.
그냥 엔터만 치면 실행이 끝납니다!
s
좋은 인연을 만날 거예요!

아무 키나 누르고 엔터를 치세요.
그냥 엔터만 치면 실행이 끝납니다!
5
```

서둘지 마세요. 오늘은 천천히...

아무 키나 누르고 엔터를 치세요.
그냥 엔터만 치면 실행이 끝납니다!

▶ sam50.py

```python
import sys #01
import random

ans = True #02

while ans: #03

    print("아무 키나 누르고 엔터를 치세요.")
    print("그냥 엔터만 치면 실행이 끝납니다!")

    question = input() #04
    answers = random.randint(1, 8) #05

    if question == "": #06
        sys.exit() #07

    elif answers == 1: #08
        print("좋은 인연을 만날 거예요!")

    elif answers == 2:
        print("서둘지 마세요. 오늘은 천천히...")

    elif answers == 3:
        print("뜻밖의 행운이 굴러와요!")

    elif answers == 4:
        print("운전을 조심하세요.")

    elif answers == 5:
```

```
        print("승진할 거 같아요. 축하드려요!")
    elif answers == 6:
        print("멀리서 기쁜 소식이 와요!")
    elif answers == 7:
        print("건강을 조심하세요. 잠시 쉬는게 좋아요!")
    elif answers == 8:  #09
        print("아주 편안한 날이 될 거예요.")
print()
```

코드 해설

01 라인에서 import하는 sys 모듈은 컴퓨터 시스템을 제어하는 메소드를 사용할 수 있게 합니다. 여기서는 07 라인의 exit 메소드를 사용하기 위해 sys 모듈을 import 했습니다.

02 라인에서 ans에 True 값을 할당하고, 03 라인에서 True 값인가를 검사합니다.

03 라인은 항상 참이 되기 때문에 무한 반복을 하게 되나, 이 코드는 06, 07 라인에 의해 실행이 끝납니다.

04 라인은 input 함수를 사용하는데 지금까지와 달리 입력 메시지는 위에서 출력하고, 04 라인에서는 값만 받아들입니다.

05 라인에서는 1에서 8 사이의 난수를 만들어 08-09 라인에서 해당하는 메시지를 출력하게 합니다.

06, 07 라인은 엔터 키만 눌러서 입력되는 값이 없는 경우 exit 메소드로 프로그램을 벗어나 실행을 종료시킵니다.

 피보나치 수열을 출력하는 프로그램

실행 결과

```
숫자의 개수 : 10
10 개의 피보나치 수열 :
0 1 1 2 3 5 8 13 21 34

숫자의 개수 : 5
5 개의 피보나치 수열 :
0 1 1 2 3
>>>
```

▶ sam51.py

```python
terms = int(input("숫자의 개수 : "))

n1 = 0    #01
n2 = 1    #02
repeat = 0 #03

if terms <= 0: #04
    print("양수를 입력하세요.")

elif terms == 1: #05
    print(terms,"개의 피보나치 수열 :")
    print(n1)

else: #06
    print(terms,"개의 피보나치 수열 :")
    while repeat < terms: #07
        print(n1, end=" ") #08
```

```
        n3 = n1 + n2  #09
        n1 = n2  #10
        n2 = n3  #11
        repeat = repeat + 1  #12
```

코드 해설

01, 02 라인은 피보나치 수열에 필요한 2개의 숫자를 먼저 만듭니다. 03 라인의 repeat 변수는 반복 횟수를 셉니다. 04, 05 라인에서는 입력한 항목의 개수가 0이나 1인 경우를 처리합니다. 06 라인부터 피보나치 수열을 만들고 출력합니다.

07 라인에서는 사용자가 입력한 개수만큼 반복했는지를 검사합니다. 09 라인은 앞서 나온 2개 숫자를 더해서 그 다음 숫자를 만듭니다. 10, 11 라인은 두 번째 숫자를 첫 번째 숫자로 만들고, 세 번째 숫자를 두 번째 숫자로 만듭니다. 12 라인은 반복 횟수를 증가시킵니다.

숨겨진 숫자를 맞추는 게임 프로그램

아래 코드는 프로그램에서 1에서 10 사이의 난수를 만들면 그 수를 사용자가 맞추는 게임을 합니다. 프로그램을 실행시켜 보고 코드의 빈칸을 완성하세요.

실행 결과

```
1 - 10 사이의 숫자를 입력하세요 : 5
입력 값이 커요!
1 - 10 사이의 숫자를 입력하세요 : 2
입력 값이 커요!
```

```
1 - 10 사이의 숫자를 입력하세요 : 1

맞았어요!
>>>
1 - 10 사이의 숫자를 입력하세요 : 8
입력 값이 커요!
1 - 10 사이의 숫자를 입력하세요 : 3
입력 값이 작아요!
1 - 10 사이의 숫자를 입력하세요 : 5

맞았어요!
>>>
```

▶ sam52.py

```python
import random
n = random.randint(1, 10)
guess = int(input("1 - 10 사이의 숫자를 입력하세요 : "))
❶ _____ :
  print()
    ❷ _____ :
    print("입력 값이 작아요!")
    guess = int(input("1 - 10 사이의 숫자를 입력하세요 : "))

    ❸ _____ :
    print("입력 값이 커요!")
    guess = int(input("1 - 10 사이의 숫자를 입력하세요 : "))

    ❹ _____ :
    print("맞았어요!")
    break #01
```

코드 해설

01 라인의 break 문을 통해 반복문에서 반복을 멈추고 해당 명령문 블록을 벗어납니다. 여기서는 break에 의해 while 명령문 블록을 벗어나 프로그램의 실행이 끝나게 됩니다.

다각형을 그리면서 제목을 표시하는 거북이 프로그램

다음 프로그램을 실행시키면 3각형부터 10각형까지 8개의 다각형이 그리지면서 위쪽에 제목도 차례대로 표시됩니다.

실행 결과 1

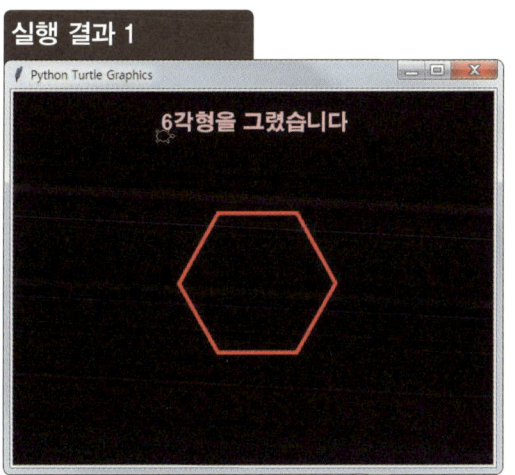

실행 결과 2

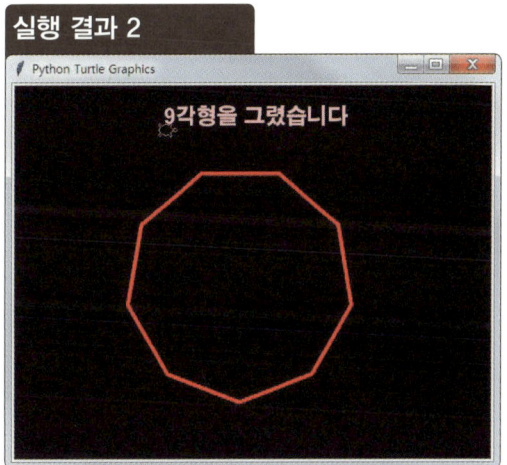

▶ sam53.py

```python
import turtle as t
import time #01

screen = t.Screen() #02
screen.setup(620,470)
screen.bgcolor('black') #03
```

```
t.pencolor('red')
t.pensize(5)
t.speed(1)
t.shape('turtle')

n=3 #04
shapes=["3각형","4각형","5각형","6각형","7각형","8각형","9각형","10각형"] #05

while n < 11: #06
    for i in range(n): #07
        t.pencolor('red')
        t.forward(100)
        t.right(360/n)

    t.penup() #08
    t.goto(-120, 180)
    t.pendown()
    t.pencolor("pink")
    t.write(shapes[n-3]+"을 그렸습니다", font=("Arial", 16, "bold")) #09

    n=n+1 #10
    time.sleep(1) #11

    t.penup() #12
    t.goto(-n*8, n*14)
    t.pendown()
    t.clear() #13
```

🖥 코드 해설

01 라인은 time 모듈을 import합니다. time 모듈은 11 라인의 sleep 메소드를 사용

하기 위해 필요합니다. 02-03 라인은 화면의 크기와 배경색을 조절합니다.
04 라인은 삼각형부터 그릴 것이기 때문에 n에 3을 할당합니다. 05 라인은 제목을 표시할 때 사용할 다각형의 이름을 리스트로 구성하였습니다. 06 라인은 8개의 다각형을 반복하기 위한 조건식을 사용합니다. n은 3부터 10까지 총 8번을 반복하면서 반복할 때마다 n각형에 대한 처리를 합니다.

07 라인과 그 아래의 for 명령문 블록은 특정 다각형을 그립니다. 08-09 라인은 write 메소드를 사용하여 제목을 출력합니다. write 메소드의 첫 번째 인수에는 출력될 문자열을 기술하며, 두 번째 인수에 font 옵션을 사용하면 제목의 서체와 크기를 지정할 수 있습니다.

10 라인은 n을 1 증가시켜 다음 다각형을 준비합니다. 11 라인의 sleep 메소드는 실행을 잠시 멈추며, 초 단위로 시간을 지정합니다. 실수를 사용하면 더 정밀하게 시간을 지정할 수 있습니다.
12-13 라인은 다각형별로 시작점으로 이동합니다. clear 메소드는 거북이만 남기고 그림을 지웁니다.

나누어지는 숫자를 찾는 프로그램

다음 프로그램은 리스트에 있는 숫자들 중에서 11로 나누어지는 첫 번째 숫자를 찾아서 출력합니다. 이 프로그램을 해독한 후에 11로 나누어지는 모든 숫자를 출력하도록 수정해 보세요.

실행 결과

11로 나누어지는 첫번째 숫자 : 44
>>>

▶ sam54.py

```python
lst = ["one", 12, 16.4, "two", 44, 123,4, 121] #01
i = 0 #02
flag = False #03
while i < len(lst): #04
    x = lst[i] #05
    i = i + 1 #06
    if not isinstance(x, int): #07
        continue #08

    if x % 11 == 0: #09
        flag = True #10
        print("11로 나누어지는 첫번째 숫자 :",  x) #11
        break #12

if not flag: #13
    print("11로 나누어지는 숫자가 없어요!") #14
```

코드 해설

01 라인은 검사 대상이 되는 값 리스트를 만듭니다. 02 라인의 i 변수는 리스트의 요소들을 구분하는 인덱스로 사용됩니다. 03 라인의 flag는 11로 나누어지는 값을 찾았는지 여부를 구분합니다.

04 라인은 리스트의 요소 개수만큼 반복합니다. len 함수는 인수로 기술된 리스트의 크기를 알려줍니다. 05 라인은 리스트의 요소를 한 개씩 x에 할당합니다. 06 라인은 다음 요소를 처리하기 위해 인덱스를 하나 증가시킵니다.

07 라인의 isinstance 함수는 x가 정수(int)인지를 검사하여 정수면 True를 반환

하고, 아니면 False를 반환합니다. 따라서 x가 정수가 아니면 not isinstance(x, int)는 not False가 되고 결국 True가 되어 08 라인의 continue 문이 실행됩니다. continue 문은 더 이상의 진행을 멈추고 04 라인으로 이동하여 다음 요소에 대해 작업하게 됩니다. isinstance 함수의 두번째 인수에는 int(정수), float(실수), str(문자열) 등을 기술할 수 있습니다. 특정 회차의 반복을 도중에 건너뛰어 다음 회차를 실행해야 할 때 continue 문을 사용합니다.

09 라인은 11로 나누어 나머지가 0인지를 검사합니다. 나머지가 0이면 11 라인에서 flag를 True로 설정한 후 11 라인에서 그 숫자를 출력하고 12 라인에서는 break로 반복문을 완전히 벗어납니다.

13-14 라인에서는 flag를 검사하여 리스트에 정수가 있었는지를 판별합니다. flag는 03 라인에서 처음에 False로 설정되며, 11로 나누어지는 요소가 있으면 10 라인에서 True로 설정됩니다. 13 라인의 not flag는 flag가 True이면 False가 되고 flag가 False이면 True가 됩니다.면 not isinstance(x, int)는 not False가 되고 결국 True가 되어 08 라인의 continue 문이 실행됩니다.

요점 정리

- while 문은 반복의 횟수를 모를 때 주로 사용합니다
- sys 모듈을 import하고 sys.exit 메소드를 사용하면 프로그램의 실행이 끝납니다.
- time 모듈을 import하고 time.sleep 메소드를 사용하면 초단위로 실행을 지연시킬 수 있습니다.
- break 문을 사용하면 반복문을 완전히 벗어납니다.
- continue 문을 사용하면 특정 반복 회차를 건너 뛰어 다음 반복 회차를 실행합니다.
- isinstance 함수를 사용하면 데이터의 형을 구분할 수 있습니다.

반복을 반복할 수 있어요

앞서 우리는 for와 while 반복문을 배웠습니다. 그런데 for 문 안에 또 for 문이 있거나 while 문 안에 또 while 문이 있다면 어떻게 될까요?

이런 것을 반복문을 중첩 for 문, 중첩 while 문이라고 합니다. 얼마든지 여러 층에 걸쳐 중첩될 수 있으나, 중첩을 많이 하는 것은 좋은 방법이 아닙니다.

중첩 for 문을 봅시다

중첩 for 문의 예를 보여주는 'sam55.py'를 실행시켜 보세요.

실행 결과

```
i = 1   j = 1
i = 1   j = 2
i = 1   j = 3
i = 1   j = 4

i = 2   j = 1
i = 2   j = 2
i = 2   j = 3
i = 2   j = 4
```

```
i = 3  j = 1
i = 3  j = 2
i = 3  j = 3
i = 3  j = 4

>>>
```

▶ **sam55.py**

```python
for i in range(1, 4): #01

    for j in range(1, 5): #02
        print("i =", i, " j =", j) #03

    print() #04
```

코드 해설

i 값이 1인 동안 j 값이 1에서 4까지 변하고, 다시 i 값이 2인 동안 j 값은 또 1에서 4까지 변하고, 다시 i 값이 3인 동안 j 값은 또 1에서 4까지 변합니다.
01 라인에 있는 바깥쪽 for 문의 i에 값이 할당될 때마다 02 라인에 있는 안쪽 for 문의 j는 1에서 4까지 반복을 합니다.

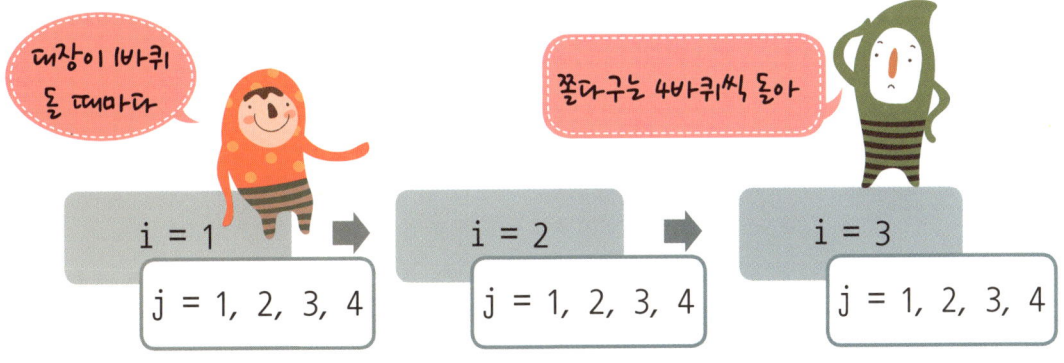

'sam55.py'를 수정하여 2단에서 9단까지 출력하는 구구단을 만들 수 있습니다. 구구단을 출력하는 다음 코드를 보세요.

실행 결과

```
2 * 1 = 2
2 * 2 = 4
2 * 3 = 6

......

9 * 5 = 45
9 * 6 = 54
9 * 7 = 63
9 * 8 = 72
9 * 9 = 81
```

▶ **sam56.py**

```python
for i in range(2, 9+1): #01

    for j in range(1, 10): #02
      print(i, "*", j, "=", i * j) #03

    print() #04
```

코드 해설

01 라인은 i가 2에서 9까지 변합니다. 02 라인은 i가 2에서 9까지 변할 때마다 매번 j가 1에서 9까지 변합니다.

이러한 i와 j를 곱해가며 2단에서 9단까지 구구단을 완성할 수 있습니다.

중첩 while 문도 있어요

'sam55.py'를 while 문으로 바꾸면 다음과 같습니다.

▶ **sam57.py**

```
i = 1 #01

while i < 4: #02

    j = 1 #03
    while j < 5: #04
      print("i =", i, "j =", j) #05
        j = j +1 #06

    print() #07
    i = i + 1 #08
```

코드 해설

02 라인의 while 문은 그 아래 명령문 전체를 i 값이 1부터 3이 될 때까지 3번 반복합니다. 03 라인은 04-06 라인이 반복될 때마다 j 값을 1부터 다시 시작하기 위한 것입니다. 05-06 라인은 j 값이 1에서 4가 될 때까지 4번 반복됩니다. 08 라인은 i 값을 1씩 증가시킵니다.

다음 코드는 2단에서 9단까지 구구단을 출력하는 'sam56.py'를 while 문으로 작성한 것입니다. 빈 칸을 완성해 보세요.

▶ sam58.py

```
❶ _____

while i < 10:

    ❷ _____
    while j < 10:
        print(i, "*",  j, "=", i * j)
        j = j +1

    print()
    i = i + 1
```

100개의 별을 그리는 거북이 프로그램

다음 코드는 조금씩 회전하면서 100개의 별을 그립니다.

실행 결과

▶ sam59.py

```python
import turtle as t

t.speed(0)
t.color("red")

for i in range(1, 101): #01

    for j in range(1, 6): #02
        t.left(144)
        t.forward(200) #03

    t.left(5) #04
```

코드 해설

01 라인은 02-04 라인을 100번 반복 실행합니다. 02-03 라인은 1개의 별을 그립니다.

다각형 패턴을 만드는 거북이 프로그램

'sam60.py'는 반복 횟수, 변의 개수, 길이 값을 조절하여 다양한 무늬를 만들 수 있는 코드입니다.

실행 결과

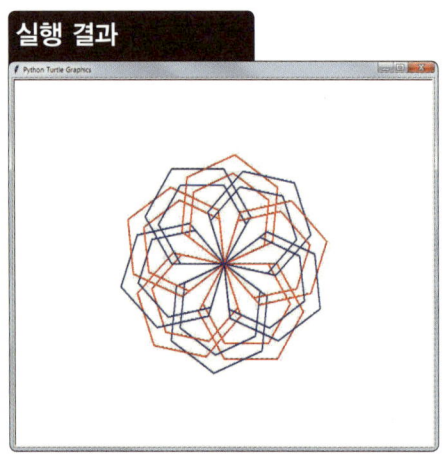
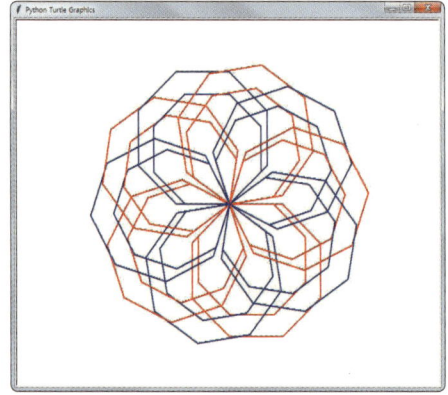

▶ **sam60.py**

```python
import turtle as t

t.speed(10)
t.pensize(3)

repeat = 10  #01
sides = 8
len1 = 100
```

```
len2 = 120 #02
flag = "yes" #03

for i in range(1, repeat+1): #04

    if flag == "yes": #05
        t.color("red")
        flag = "no"
    else: #06
        t.color("blue")
        flag = "yes"

    for j in range(1, sides+1): #07
        t.forward(len1)
        t.right(360/sides) #08

    for j in range(1, sides+1): #09
        t.forward(len2)
        t.right(360/sides) #10

    t.right(360/repeat) #11
```

코드 해설

01-02 라인의 4개 값을 조절하여 다양한 패턴을 만들 수 있습니다. 03 라인의 flag는 선의 색을 '빨간색'과 '파란색'으로 번갈아 지정하기 위해 사용됩니다. flag는 색을 red와 blue로 전환하는 스위치와 같은 역할을 합니다.

05-06 라인의 명령문 블록에 의해 빨간색과 파란색이 번갈아 지정됩니다.

07-10 라인은 길이가 다른 2개의 다각형을 그립니다.

8행 10열로 점을 찍는 거북이 프로그램

다음 코드는 8행 10열로 점을 출력하면서 점의 열 번호를 출력하고 제일 뒤에는 행 번호도 출력합니다.

실행 결과

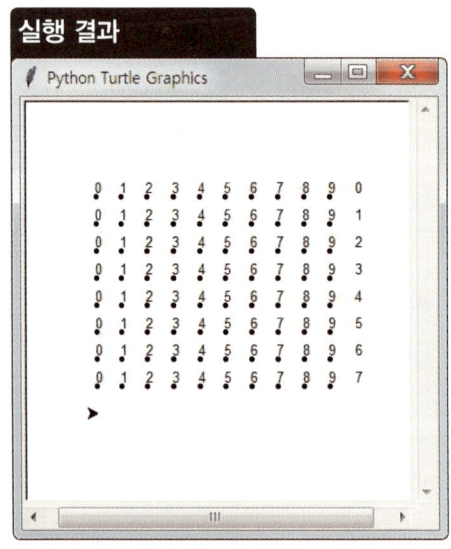

▶ sam61.py

```
import turtle as t

s = t.Screen() #01
s.setup(400, 400) #02

dot_distance = 25 #03
width = 10 #04
height =8 #05

t.penup() #06
t.goto(-120, 100) #07
```

```
for i in range(height): #08

    for j in range(width): #09
        t.write(j) #10
        t.dot() #11
        t.forward(dot_distance) #12

    t.write(i) #13
    t.backward(dot_distance * width) #14
    t.right(90) #15
    t.forward(dot_distance) #16
    t.left(90) #17
```

코드 해설

03 라인의 dot_distance는 점의 간격을 지정합니다. 04-05 라인은 행과 열의 개수를 지정합니다. 08 라인은 행의 개수만큼 반복합니다. 09-12 라인은 열의 개수만큼 반복합니다. 10 라인의 write 메소드는 글자를 출력하며, 11 라인의 dot 메소드는 점을 출력합니다. 13 라인은 행 번호를 출력합니다.

14-17 라인은 다음 행의 시작 위치로 이동합니다. 14 라인의 backward 메소드는 뒤로 이동합니다.

2개의 행렬을 더하는 프로그램

다음 코드는 2개의 행렬을 더해서 결과를 구합니다.

실행 결과

```
[17, 15, 4]
[10, 12, 9]
```

```
[11, 13, 18]
>>>
```

▶ sam62.py

```python
x = [[12,7,3],
     [4,5,6],
     [7,8,9]]

y = [[5,8,1],
     [6,7,3],
     [4,5,9]]

result = [[0,0,0],
          [0,0,0],
          [0,0,0]]

for i in range(3): #01

    for j in range(3): #02
        result[i][j] = x[i][j] + y[i][j] #03

for r in result: #04
    print(r) #05
```

코드 해설

이 코드는 리스트를 활용하여 2차원 행렬을 구현하고 있습니다. 2차원 행렬은 리스트 안에 리스트를 기술합니다. 2차원 행렬의 각 요소를 구분할 때는 '리스트 이름[행 번호][열 번호]'를 사용합니다.

	0열	1열	2열
0행	12	7	3
1행	4	5	6
2행	7	8	9

x=[1][0]   x=[1][1]   x=[0][2]

```
x=[[12, 7, 3],    x=[[12, 7, 3], [4, 5, 6], [7, 8, 9]]
   [4, 5, 6],
   [7, 8, 9]]
```

2가지 형식으로 기술할 수 있어요.

01 라인은 i 값이 0, 1, 2로 변하면서 02 라인을 3번 반복합니다. 02 라인은 j 값이 0, 1, 2로 변하면서 03 라인을 3번 반복합니다. 03 라인은 i, j를 인덱스로 사용하여 2개의 행렬에서 동일한 위치의 요소끼리 더해서 결과 행렬을 만듭니다.

04, 05 라인은 print(result)로 기술해도 되며 이 경우 모든 행이 한 개 라인에 출력됩니다.

행과 열을 변환하는 프로그램

다음 코드는 3행 2열의 행렬을 2행 3열의 행렬로 변환합니다. x의 0열 요소들은 result의 0행으로, x의 1열 요소들을 result의 1행으로 이동해야 합니다.

실행 결과

```
[12, 4, 3]
[7, 5, 8]
>>>
```

▶ sam63.py

```python
x = [[12,7],   #3행 2열의 행열
     [4,5],
     [3,8]]

result = [[0,0,0],  # 2행 3열의 행열
          [0,0,0]]

for i in range(3):  #01

    for j in range(2):  #02
        result[j][i] = x[i][j]  #03

for r in result:
    print(r)
```

코드 해설

01 라인은 i 값이 0, 1, 2로 변하면서 02 라인을 3번 반복합니다. 02 라인은 j 값이 0, 1로 변하면서 03 라인을 2번 반복합니다. 03 라인은 i, j를 인덱스로 사용하여 결과 행렬을 만듭니다. 인덱스의 사용을 유의하면서 살펴보세요.

피타고라스의 삼각형을 찾는 프로그램

피타고라스의 정리는 직각삼각형의 세 변의 관계를 나타내는 기본 정리입니다.
직각을 끼고 있는 2개 변과 나머지 1개 변의 관계는 오른쪽 그림과 같습니다.

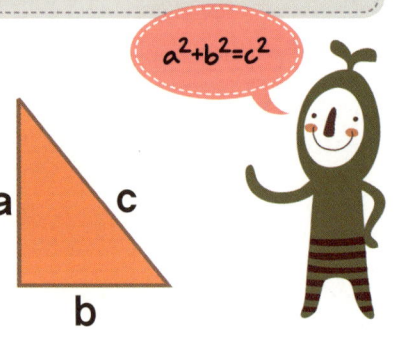

다음 코드는 각 변의 길이가 50 이하인 삼각형에서 피타고라스의 정리가 성립하는 삼각형을 찾아봅니다.

실행 결과

```
1 3 4 5
2 4 3 5
3 5 12 13
4 6 8 10
.......
37 36 27 45
38 40 9 41
39 40 30 50
40 48 14 50
>>>
```

▶ sam64.py

```python
count = 0

for a in range(1, 51): #01
    for b in range(1, 51):
        for c in range(1, 51): #02
            if (a*a + b*b) == c*c: #03
                count = count +1 #04
                print(count, a, b, c)
```

🖥 코드 해설

01-02 라인은 세 변의 길이의 조합을 찾기 위해 반복합니다. 04 라인의 count는 피타고라스의 정리를 만족하는 경우를 세기 위한 변수입니다.

 **예금 계좌를 관리하는 프로그램**

다음 코드는 은행의 입출금 시스템을 구현한 것입니다. 먼저 프로그램을 테스트해 보고 코드를 분석해 보기 바랍니다.

실행 결과

```
============
1. 예금하기
2. 출금하기
3. 잔고확인
4. 종료하기
============

메뉴를 선택하세요 : 1
예금할 금액 : 300000
예금이 완료되었습니다!

메뉴를 선택하세요 : 3
잔고 : 1300000

메뉴를 선택하세요 : 2
찾으실 금액 : 100000
출금이 완료되었습니다.

메뉴를 선택하세요 : 3
잔고 : 1200000

메뉴를 선택하세요 : 4
>>>
```

▶ sam65.py

```python
print("==========")
print("1. 예금하기")
print("2. 출금하기")
print("3. 잔고확인")
print("4. 종료하기")
print("==========")

balance = 1000000

while True:

    print()
    num = int(input("메뉴를 선택하세요 : "))

    if num ==1:
        deposit = int(input("예금할 금액 : "))
        balance = balance + deposit
        print("예금이 완료되었습니다!")

    elif num == 2:
        withdrawal = int(input("찾으실 금액 : "))
        while withdrawal > balance:
            print("잔고 :", balance, "잔고가 부족합니다.")
            withdrawal = int(input("찾으실 금액 : "))
        balance = balance - withdrawal
        print("출금이 완료되었습니다.")

    elif num == 3:
        print("잔고 :", balance)
```

```
    elif num == 4:
        break

    else:
        print("번호를 잘못 입력하셨어요!")
```

요점 정리

- 반복문은 중첩해서 사용할 수 있으며 for 중첩문과 while 중첩문이 모두 가능합니다.
- 바깥쪽 반복문이 반복될 때마다 안쪽 반복문은 처음부터 다시 반복됩니다.
- 2차원 행열은 리스트 안에 리스트를 기술합니다.
- 2차원 행열의 각 요소를 구분할 때는 '리스트 이름[행 번호][열 번호]'를 사용합니다.

명령문을 모아놓고 이름을 붙이면 함수가 되지요

우리는 이제 함수(Function)라는 기능을 배울 겁니다. 함수라고 하니까 얼핏 수학 관련 기능처럼 느껴지겠지만 여기서 사용하는 함수는 수학과 관련이 없습니다. 'function'은 '기능'이라는 뜻도 있습니다.

프로그래밍에서 함수는 '일정한 기능(Function)을 가진 프로그램 조각(또는 코드 조각)'을 의미합니다. 자주 사용하는 코드를 반복해서 작성하지 않기 위해 함수를 사용합니다.

우리는 이미 함수를 사용해 보았습니다

정수로 변환하는 int 함수, 실수로 변환하는 float 함수, 키보드 입력을 받아들이는 input 함수, 출력을 하는 print 함수 등 다양한 함수가 있지요.
이들을 파이썬 언어의 내장 함수(Built in function)라고 합니다. 내장 함수는 파이썬 언어 프로그램을 설치할 때 그 프로그램 안에 내장되어 있어 자동으로 설치된 함수라는 의미입니다.

 참고하세요
아래를 방문하면 모든 파이썬 내장 함수를 자세히 볼 수 있습니다.
https://docs.python.org/3/library/functions.html

우리가 앞서 사용했던 내장 함수들은 프로그램을 작성하면서 자주 사용하게 되는 기능들입니다. 그런데 만일 그러한 함수가 없었다면 어떨까요?

우리 모두 자신의 프로그램 내에서 내가 원하는 기능을 하는 코드를 작성해야 합니다. 그런 코드는 복잡하고 어렵기도 하고 매번 똑같은 코드를 작성하는 수고를 해야만 합니다. 하지만 파이썬 내에 이미 작성되어 있는 내장 함수를 사용하면 프로그램은 간단해지지요.

내가 함수를 만들 수도 있어요

사용자가 직접 만든 함수를 **사용자 정의 함수**(User defined function)라고 합니다. 아주 간단한 사용자 정의 함수의 예를 봅시다. 다음 코드에서는 'greeting'이라는 함수를 사용하고 있습니다.

실행 결과

```
프로그램 실행 시작!
=====================
등록이 완료되었습니다
=====================
로그인 후 사용하세요!
=====================
프로그램 실행 끝!
>>>
```

▶ **sam66.py**

```python
def greeting():  #01
    print("="*21)  #02
    print("등록이 완료되었습니다")  #03
```

```
    print("="*21) #04
    print("로그인 후 사용하세요!") #05
    print("="*21) #06

print("프로그램 실행 시작!") #07
greeting() #08
print("프로그램 실행 끝!") #09
```

🖥 코드 해설

이 코드의 실행 순서는 다음과 같습니다.

07→08→(01→02→03→04→05→06)→09

01-06 라인은 greeting이라는 함수를 정의합니다.
01 라인의 'def'는 함수 정의(define)를 시작한다는 의미이며 그 뒤에 '함수 이름():'을 기술합니다. 02-06 라인의 명령문 블록이 함수의 내용입니다. 이러한 함수 정의는 스스로 실행되지 않습니다.

08 라인과 같이 이 함수를 호출해야 실행됩니다. 08 라인은 greeting이라는 함수를 호출합니다. 함수를 호출하면 실행이 함수로 이동하여 함수 내의 명령문들이 실행됩니다. 이 코드의 경우 5개의 print 문을 1개의 greeting 함수 호출로 대신할 수 있습니다.

06 라인까지 함수의 실행이 끝나면 함수를 호출했던 08 라인 다음의 09 라인으로 실행이 이동됩니다.

이 코드만 보면 greeting 함수가 별로 쓸모가 없어 보입니다. 함수를 만들지 않고 그냥 print 문을 5개 기술하면 되는데…
하지만 이 코드가 아주 긴 코드이고 5개의 print 문을 여러 번 기술해야 한다고 가정해 보세요. 그럴 때 간단히 greeting( )만 기술하면 매번 5개의 print 문을 기술하지 않아도 됩니다.

함수를 사용하기 위해서는 '함수 정의(Function Define)'와 '함수 호출(Function Call)'이 필요합니다.
'함수 정의'는 01-06 라인처럼 함수를 구성하는 명령문들을 기술하는 것입니다.
'함수 호출'은 08 라인처럼 함수를 실행시키는 것을 의미합니다.

우리는 앞서 제일 간단한 형식의 함수 정의와 함수 호출을 경험했습니다.
'함수 정의'와 '함수 호출'의 완전한 형식은 다음과 같습니다.

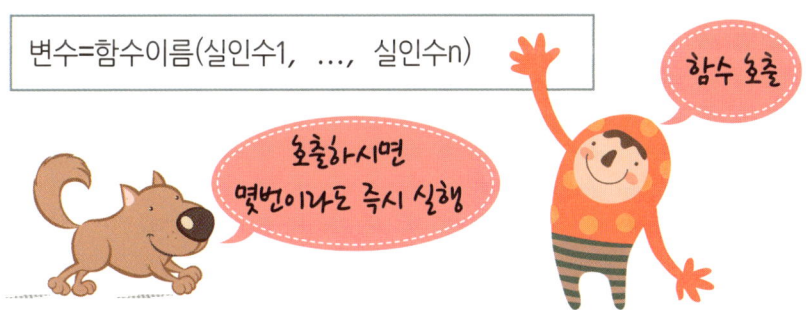

함수 관련 문법을 정리하면 다음과 같습니다.

- 함수를 정의할 때는 항상 'def'로 시작합니다.
- 함수 이름은 주로 소문자를 사용하며 사용자가 임의의 이름을 기술할 수 있습니다.
- 함수를 정의할 때 ( ) 안에는 콤마로 구분하여 값을 전달받는 '형식인수(가인수라고도 함)'를 기술할 수 있습니다.
- 함수를 정의할 때 ( ) 뒤에 콜론을 기술한 후 그 다음 라인부터 함수의 내용인 명령문 블록을 기술합니다.
- 함수를 정의할 때 return 문을 사용하면 함수의 실행을 끝내거나, 함수를 호출한 라인으로 반환값을 돌려줄 수 있습니다.
- 함수를 호출할 때 ( ) 안에 '실인수'를 기술하여 함수에게 값을 전달할 수 있습니다.
- 인수와 반환값은 변수, 식, 값 또는 함수 이름 등을 사용할 수 있으며, 필요하지 않으면 이들을 기술하지 않아도 됩니다.

 **함수는 인수를 사용할 수도 있어요**

다음 코드는 정수의 약수를 구하는 프로그램입니다. 사용자가 키보드에서 정수를 입력하면 함수에게 그 정수를 전달해서 약수를 구합니다.

실행 결과

```
숫자 입력 : 100
약수 :
1
2
4
5
10
20
25
50
100
>>>
```

▶ sam67.py

```python
def print_factors(x): #01

    print("약수 : ") #02
    for i in range(1, x + 1): #03
        if x % i == 0: #04
```

```
        print(i) #05

num = int(input("숫자 입력 : ")) #06
print_factors(num) #07
```

🖥 코드 해설

이 코드는 다음과 같은 순서로 실행됩니다.

06→07→(01→02→03→04→05)

01-05 라인은 print_factors라는 함수를 정의합니다. 이 코드는 06 라인부터 실행됩니다. 06 라인에서 정수를 입력받아 num 변수에 할당합니다. 07 라인에서는 함수를 호출하면서 num 변수의 값을 함수에게 넘깁니다.

01 라인에서는 num 변수의 값을 x 변수로 받아서 그 아래의 명령문들을 실행합니다.

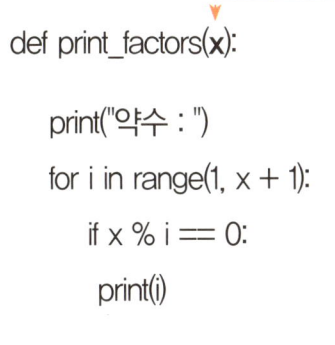

함수는 반환값도 사용할 수 있어요

함수에서 인수와 반환값을 사용하는 다음 코드를 보세요. 이 코드에서 사용한 square 함수는 제곱값을 반환합니다.

실행 결과

```
4
4
>>>
```

▶ sam68.py

```python
def square(x):  #01
    return x*x  #02

res=square(2)  #03
print(res)  #04

print(square(2))  #05
```

코드 해설

이 코드의 실행 순서는 다음과 같습니다.

03→(01→02)→03→04→05→(01→02)→05

01-02 라인은 square 함수를 정의합니다. 이 함수는 단순히 return 문 하나로만 구성되었습니다. 03 라인은 square 함수를 호출하며 다음과 같은 순서로 실행됩니다.

❶ square(2)는 01 라인의 square 함수를 호출하면서 실인수 2를 01 라인의 형식인수인 x 변수에 전달합니다.

❷ 02 라인에서 x*x가 계산되어 결과값 4가 구해집니다.

❸ 02 라인의 return 문에 의해 결과값 4가 이 함수를 호출한 03 라인으로 반환됩니다.

❹ 03 라인으로 반환된 결과값 4가 res 변수에 할당됩니다.

05 라인은 print 함수 내에서 square 함수를 호출했습니다. 함수의 실행 결과는 05 라인으로 전달되어 print 함수에 의해 출력됩니다. 이렇게 함수 내에 또 다른 함수를 기술하는 것도 가능합니다. return 문은 다음과 같이 2가지 기능을 가집니다.

- 함수의 실행을 끝내고 함수를 호출한 위치로 돌아갑니다.
- 함수의 실행 결과를 반환합니다.

 간단한 계산기 프로그램

다음 코드는 함수를 사용해서 간단한 계산기를 구현했습니다.
빈칸을 완성해 보세요.

실행 결과

```
1. 더하기
2. 빼기
3. 곱하기
4. 나누기

선택하세요(1/2/3/4) : 3
첫번째 숫자를 입력하세요 : 10
두번째 숫자를 입력하세요 : 20
10 * 20 = 200
>>>
```

▶ sam69.py

```python
def add(x, y):
    return x + y

def subtract(x, y):
    return x - y

def multiply(x, y):
    return x * y

def divide(x, y):
    return x / y

print("1.더하기")
print("2.빼기")
print("3.곱하기")
print("4.나누기")
print()

choice = input("선택하세요(1/2/3/4) : ")

num1 = int(input("첫번째 숫자를 입력하세요 : "))
num2 = int(input("두번째 숫자를 입력하세요 : "))
print()

if choice == "1":
    print(num1,"+",num2,"=", ❶ _____ )

elif choice == "2":
    print(num1,"-",num2,"=", ❷ _____ )
```

```
elif choice == "3":
    print(num1,"*",num2,"=", ❸ _____ )
else:
    print(num1,"/",num2,"=", ❹ _____ )
```

별이 빛나는 밤에... 거북이 프로그램

다음 코드는 7가지 색으로 밤하늘에 100개의 별을 그립니다. 별의 크기는 5에서 25 픽셀이며 일정한 좌표 구간 내에 별이 그려집니다.

실행 결과

▶ sam70.py

```
import turtle as t
import random as rn

def draw_star(x, y, color, side): #01
```

```
    t.color(color) #02
    t.begin_fill()
    t.penup()
    t.goto(x, y)
    t.pendown() #03

    for k in range(5): #04
        t.forward(side)
        t.right(144)
        t.forward(side) #05
    t.end_fill()

def random_length(): #06
    return rn.randrange(5, 25) #07

def random_xy_coord(): #08
     return rn.randrange(-290, 290), rn.randrange(-270, 270)
  #09

t.title("별이 빛나는 밤에...") #10
t.bgcolor('black')
t.speed(10)
colors = ['red', 'orange', 'magenta', 'green', 'blue',
'yellow', 'white'] #11

stars = 100 #12
    for k in range(stars): #13
        color = rn.choice(colors) #14
        side = random_length() #15
        x, y = random_xy_coord() #16
        draw_star(x, y, color, side) #17
```

🖳 코드 해설

이 코드는 10 라인부터 실행됩니다. 10 라인에서는 title 메소드로 창 위쪽에 표시되는 제목을 지정합니다.

11 라인은 리스트에 별을 그릴 때 사용될 색 이름을 기술했으며 각 요소들은 14 라인에서 사용됩니다. 12 라인은 그려질 별의 개수를 지정합니다. 13-17 라인은 반복해서 100개의 별을 그립니다.

14 라인의 choice 메소드는 리스트에서 임의의 값을 하나 선택합니다. 여기서는 colors 리스트의 색 중 하나를 임의로 선택합니다.

15 라인은 06 라인에 있는 random_length 함수를 호출하여 5-25 사이의 값을 side 변수에 할당받습니다. 이 값은 별의 크기를 지정합니다. 07 라인의 randrange 메소드는 지정된 범위 내의 난수를 발생시킵니다.

16 라인은 별이 그려질 위치의 좌표를 얻기 위해 08 라인의 random_xy_coord 함수를 호출합니다. 이 함수는 지정된 범위 내에서 2개의 값을 반환하며 그 값들은 각기 x, y 변수에 할당됩니다.

17 라인은 01 라인의 draw_star 함수를 호출하여 별을 그립니다. 이 함수에서 02-03 라인은 별의 색을 지정하고 별이 그려질 위치로 이동합니다. 04-05 라인은 별을 그립니다.

키보드로 그림을 그리는 거북이 프로그램

코드를 실행시키고 키보드에서 화살표 키를 누르면 화살표 키 방향으로 거북이가 이동하면서 선이 그어집니다. 또한 Esc 키를 누르면 그림이 모두 지워지고 초기 상태가 됩니다. 거북이를 조종하면서 간단한 그림을 그릴 수 있습니다.

실행 결과

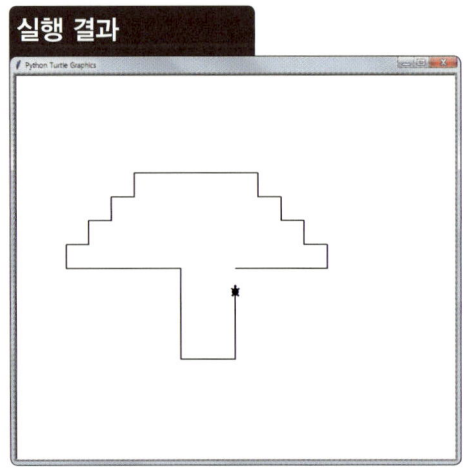

▶ sam71.py

```
import turtle as t

def rotate_right():  #01
    t.setheading(0)
    t.forward(10)

def rotate_up():  #02
    t.setheading(90)
    t.forward(10)

def rotate_left():  #03
    t.setheading(180)
```

```
        t.forward(10)

def rotate_down(): #04
        t.setheading(270)
        t.forward(10)

def blank(): #05
        t.clear()
        t.penup()
        t.goto(0,0)
        t.pendown()
        t.setheading(0)

t.shape("turtle")
t.speed(0)
t.pensize(2)

t.onkeypress(rotate_right, "Right") #06
t.onkeypress(rotate_up, "Up")
t.onkeypress(rotate_left, "Left")
t.onkeypress(rotate_down, "Down") #07
t.onkeypress(blank, "Escape") #08
t.listen() #09

t.mainloop() #10
```

📟 코드 해설

01-04 라인은 setheading 메소드를 사용하여 오른쪽, 위쪽, 왼쪽, 아래쪽으로 거북이의 방향을 회전하고, forward 메소드를 사용하여 회전 방향으로 10 픽셀 이동하는 함수입니다.

05 라인의 blank 함수는 거북이 그린 그림을 지우고 초기 상태로 만듭니다.

06-07 라인의 onkeypress 메소드는 특정 키가 눌렸을 때 특정 함수를 실행시킵니다. 이 메소드는 (함수 이름, 키 이름)을 인수로 가집니다. 오른쪽 화살표 키는 이름이 'Right'이며, 왼쪽 화살표 키는 'Left', 위쪽 화살표 키는 'Up', 아래쪽 화살표 키는 'Down'입니다. 첫 글자가 대문자라는 점을 유의해야 합니다.

08 라인은 Esc 키를 눌렀을 때 blank 함수를 호출합니다. 09 라인의 listen 메소드는 키의 입력을 물리적으로 받아들이는 메소드이며 반드시 기술해야 합니다.

10 라인의 mainloop 메소드는 사용자가 터틀 그래픽 창을 닫기 전까지 계속 키나 마우스 입력을 받아들이게 합니다. IDLE가 아닌 다른 파이썬 편집기를 사용할 때 터틀 그래픽이 비정상적으로 종료되는 것을 방지하기 위해 사용하며, 이 메소드는 제일 뒤에 기술해야 합니다.

마우스로 그림을 그리는 거북이 프로그램

다음의 코드를 실행시키고 터틀 그래픽 화면에서 마우스를 클릭할 때마다 해당 위치까지 선이 그어집니다. Esc 키를 누르면 화면이 지워지고 초기 상태가 됩니다.

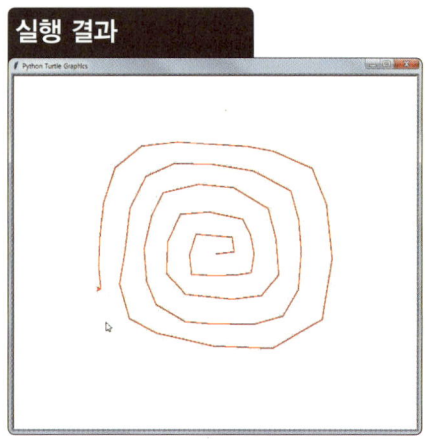

실행 결과

▶ **sam72.py**

```python
import turtle as t

def blank(): #01
    t.clear()
    t.penup()
    t.goto(0,0)
    t.pendown()

t.onkeypress(blank, "Escape") #02
t.listen() #03

t.speed(0)
t.pensize(2)
t.color("red")
t.onscreenclick(t.goto) #04

t.mainloop()
```

코드 해설

01 라인은 화면의 그림을 지우고 초기 상태로 돌아가는 함수입니다. 02-03 라인은 Esc 키가 눌렸을 때 01 라인의 blank 함수를 실행합니다. 04 라인은 터틀 그래픽 화면 위에서 마우스를 클릭하면 클릭된 위치로 이동하면서 선을 그립니다.

onscreenclick 메소드는 마우스가 클릭되면 특정 함수를 실행합니다. 이 코드처럼 goto 함수를 인수로 사용하면 현재 마우스가 클릭된 위치로 이동합니다.

 함수의 변수는 지역구와 전국구가 있어요

함수 안에서 사용하는 변수들은 유효 범위(Scope)가 있습니다. 하나의 함수는 독립적으로 자신만의 변수를 가집니다. 특정 영역 내에서만 유효한 이런 변수를 '지역 변수(Local Variable)'이라고 합니다.

지역 변수의 예를 보여주는 다음 코드를 보세요.

실행 결과

```
함수 안의 num = 11
함수 밖의 num = 10
>>>
```

▶ sam73.py

```python
num=10  #01

def cal(num):  #02
    num=num+1  #03
    print("함수 안의 num = %d" %num)  #04

cal(num)  #05
print("함수 밖의 num = %d" %num)  #06
```

코드 해설

02-04 라인은 함수 정의이며 함수 정의 내에서 num 변수를 사용합니다. 함수 밖의 01, 05, 06 라인에서도 num 변수를 사용합니다.

이때, 이름은 동일하게 num이지만 함수 안의 num과 함수 밖의 num은 서로 다른 변수입니다.

05 라인에서 함수를 호출하면서 함수 밖의 num 변수의 값을 02 라인의 함수 안의 num 변수에게 인수값으로 넘겨줍니다. 따라서 함수 안의 num 변수는 03 라인이 실행되어 1이 증가한 11이 됩니다.

그런데 함수를 실행하고 나서 06 라인에서 출력하는 함수 밖의 num 변수는 11이 아니라 여전히 10입니다. 왜냐하면 서로 다른 변수이니까요.

안과 밖에서 똑같이 사용하려면 다음과 같이 선언하면 되지요

global num

다음 코드는 global 명령문을 사용하여 함수 안과 밖에서 동일한 num을 사용합니다.

실행 결과

```
함수 안의 num = 11
함수 밖의 num = 11
>>>
```

▶ sam74.py

```
num=10 #01

def cal(): #02
    global num #03
    num=num+1 #04
    print("함수 안의 num = %d" %num) #05

cal() #06
print("함수 밖의 num = %d" %num) #07
```

🔲 코드 해설

'sam73.py'와 비교하면 02 라인의 함수 정의와 06 라인의 함수 호출에서 num이라는 인수가 없어졌습니다. 그리고 03 라인에 global 명령문이 추가되었습니다.

이제 함수 밖에 있는 01 라인의 num과 함수 안에 있는 04 라인의 num은 동일한 변수입니다. global 명령문은 변수의 유효 범위를 함수 밖으로 확대하는 전역 변수 선언 명령문입니다. num 변수를 전역 변수로 선언하면, 06 라인과 02 라인에서는 num 인수를 기술하지 않아야 합니다.

요점 정리

- 자주 사용하는 코드를 반복해서 작성하지 않기 위해 함수를 사용합니다.
- 내장 함수는 파이썬 언어 프로그램을 설치할 때 그 프로그램 안에 내장되어 있어 자동으로 설치된 함수라는 의미입니다.
- 함수 정의는 스스로 실행되지 않습니다. 함수를 호출해야 실행됩니다.
- 함수를 사용하기 위해서는 '함수 정의(Function Define)'와 '함수 호출(Function Call)'이 필요합니다.
- '함수 정의'는 함수를 구성하는 명령문들을 기술하는 것입니다.
- '함수 호출'은 함수를 실행시키는 것을 의미합니다.
- onkeypress 메소드는 특정 키가 눌렸을 때 특정 함수를 실행시킵니다. 이 메소드는 (함수 이름, 키 이름)을 인수로 가집니다.
- onscreenclick 메소드는 마우스가 클릭될 때 특정 함수를 실행합니다.
- 함수 안에서 사용하는 변수들은 유효 범위(Scope)가 있습니다. 특정 영역 내에서만 유효한 이런 변수를 '지역 변수(Local Variable)'라고 합니다.
- global 명령문은 변수의 유효 범위를 함수 밖으로 확대하는 전역 변수 선언 명령문입니다.

배운 것을 총동원해 게임을 만들어봐요

지금까지 배운 파이썬 문법은 파이썬뿐만 아니라 대부분의 다른 프로그래밍 언어에서도 필수적으로 제공되는 기본 기능들입니다.

이 정도의 문법만 잘 익혀도 아주 다양한 프로그램을 작성할 수 있습니다.

이제 지금까지 배운 문법들을 점검할 겸 3개의 게임을 작성해 봅니다.

1등을 뽑는 거북이 레이싱 게임

'sam75.py' 프로그램을 실행시켜 보세요. 이 프로그램은 다음과 같이 실행됩니다.

실행 결과

선이 하나씩 그어지고 거북이 3마리가 등장합니다.

배운 것을 총동원해 게임을 만들어봐요 **185**

▶ sam75.py

```python
import turtle as t
import random as rn

def run(x, y):  #01 마우스를 클릭하면 거북이가 달리는 함수

    global flag   #02 run 함수의 실행 여부를 지정

    if flag == 0:  #03 run 함수가 실행된 적이 없으면
      for turn in range(80):  #04 거북이들이 달려감
        tur1.forward(rn.randint(1,10))
        tur2.forward(rn.randint(1,10))
        tur3.forward(rn.randint(1,10))  #05

    flag = 1  #06 run 함수가 실행되었음을 지정

    r = tur1.xcor()  #07 최종 x 좌표값을 구함
    b = tur2.xcor()
    o = tur3.xcor()  #08
```

```python
        if (r >= b) and (r >= o): #09 제일 멀리 간 거북이를 찾음
            win = "Red"
        elif (b >= r) and (b >= o):
            win = "Blue"
        else:
            win = "Orange" #10
        t.goto(-20,180) #11 1등을 출력함
        t.hideturtle() #12
        t.write(win+"가 1등입니다!", align="center",
        font=("Arial", 20, "bold")) #13

display = t.Screen() #14 화면을 새로 만듬
display.setup(600, 600) # 15 화면 크기를 조절함

flag = 0 #16 처음에는 flag가 0임
t.speed(10) #17 선을 긋기 위한 준비
t.pensize(2)
t.penup()
t.goto(-240, 110) #18 초기 위치로 이동

for step in range(16): #19 숫자와 선을 출력함
    t.write(step, align="center", font=("Arial", 12, "bold"))
    t.right(90)
    t.forward(10)
    t.pendown()
    t.forward(250)
    t.penup()
    t.backward(260)
    t.left(90)
    t.forward(30) #20
```

```python
tur1 = t.Turtle() #21 거북이들을 만들고 배치함
tur1.color("red")
tur1.shape("turtle")

tur1.penup()
tur1.goto(-240, 50)
tur1.pendown()

tur2 = t.Turtle()
tur2.color("blue")
tur2.shape("turtle")

tur2.penup()
tur2.goto(-240, -20)
tur2.pendown()

tur3 = t.Turtle()
tur3.color("orange")
tur3.shape("turtle")

tur3.penup()
tur3.goto(-240, -90)
tur3.pendown() #22

t.onscreenclick(run) # 23 마우스를 클릭하면 run 함수를 실행함
t.mainloop()
```

💻 코드 해설

이 프로그램은 14 라인부터 실행됩니다. 14-15 라인에서는 Screen 메소드로 새로운 화면을 만들어 setup 메소드로 화면의 크기를 조절합니다.

16 라인의 flag 변수는 위에서 정의된 run 함수가 실행되었는지를 검사하기 위해 사용됩니다. 이 flag 변수를 사용하여 run 함수가 한번만 실행되게 합니다. run 함수의 03 라인에서 flag를 검사하여 flag가 0일 때만 거북이가 달려가게 했습니다. run 함수가 실행되고 나면 06 라인에서 flag 변수를 1로 설정합니다.

이렇게 flag를 사용한 이유는 마우스를 클릭하면 거북이들이 달려가는데 한 번 실행이 끝나고 나서도 마우스를 클릭하면 계속 더 달려갑니다. 23 라인에서 계속 마우스 클릭을 감지하기 때문에 거북이들의 달리기가 끝난 후에도 마우스를 클릭하면 계속 더 달리므로 그 현상을 방지하기 위해 flag 변수를 사용한 것입니다.

17-18 라인에서는 선을 긋기 위한 속도와 펜의 크기를 지정하고 시작 위치로 이동합니다. 19-20 라인에서는 숫자를 출력하면서 선을 긋습니다. 21-22 라인은 각각 다른 색을 띤 3마리의 거북이를 만들고 출발선에 배치합니다. 23 라인은 사용자가 마우스를 클릭하면 run 함수를 실행합니다.

01-13 라인은 run 함수를 정의하였습니다. run 함수는 x, y와 같이 2개의 인수를 넘겨받는데 이 인수는 23 라인에서 넘겨주는 마우스가 클릭된 위치의 좌표입니다. 이 코드에서 마우스 클릭은 단지 시작 신호의 의미만 있을 뿐 그 좌표 값을 사용하지는 않지만 문법에 따라 x, y 좌표 값을 넘겨 받아야 합니다.

02 라인에서는 flag를 전역 변수로 선언했습니다. 함수 내부에서 사용된 변수는 함수를 벗어나면 없어집니다. 그러나 flag는 함수의 외부인 16 라인에서도 사용되기 때문에 global를 사용해 전역 변수로 만든 것입니다.

03 라인은 flag가 0일 때만, 즉 run 함수가 실행된 적이 없을 때만 04-05 라인을 실행하게 합니다. run 함수가 실행되면 06 라인에서 flag를 1로 설정하므로 flag가 0이면 run 함수가 실행된 적이 없다는 의미가 됩니다.

04-05 라인은 randint 메소드로 1에서 10까지의 임의의 정수만큼 거북이가 이동할 수 있는 거리로 사용하고 있습니다.

따라서 거북이마다 이동할 수 있는 거리가 매번 달라지고 그 거리가 곧 속도가 됩니다. 이 라인은 80번 반복 실행되어 거북이가 앞으로 날려가는 것처럼 보이는 효과를 냅니다.

07-08 라인에서는 거북이 레이싱이 끝난 후 xcor 메소드를 사용하여 거북이들의 최종 x 좌표를 구합니다. 09-10 라인에서는 제일 멀리 달려간 거북이를 찾아 win 변수에 색 이름을 할당합니다. 11-13 라인에서는 1등이 어떤 색 거북이인지를 출력합니다. 12 라인은 거북이를 숨겨서 1등을 출력할 때 보이지 않게 합니다.

전투함을 침몰시키는 배틀쉽 게임

배틀쉽(battle ship) 게임은 숨어있는 전투함의 위치를 맞추는 게임입니다. 5행 5열의 행렬에 임의로 전투함 위치를 설정하고 전투함이 숨어있는 행과 열을 4번 안에 맞추어야 합니다. 'sam76.py'를 실행시키고 테스트해 보세요.

실행 결과

```
배틀쉽 게임을 시작합시다!

0 0 0 0 0
0 0 0 0 0
0 0 0 0 0
0 0 0 0 0
0 0 0 0 0

행 번호 : 1
열 번호 : 2
배에 맞지 않았어요!
4번 중 1번 발사했어요.
```

```
O O O O O
O O X O O
O O O O O
O O O O O
O O O O O

행 번호 : 3
열 번호 : 4
배에 맞지 않았어요!
4번 중 2번 발사했어요.

O O O O O
O O X O O
O O O O O
O O O O X
O O O O O

행 번호 :
```

▶ sam76.py

```python
import random

board = [ ] #01  리스트 생성
for x in range(5): #02 5행 5열의 리스트 생성
    board.append(["O"] * 5)

def print_board(board): #03 5행 5열의 리스트를 출력하는 함수
    for row in board:
        print(" ".join(row)) #04 리스트 요소들을 공백으로 구분
```

```python
print("배틀쉽 게임을 시작합시다!")
print()
print_board(board) #05 리스트를 출력
print()

def random_row(board): #06 배틀쉽이 숨을 행을 지정하는 함수
    return random.randint(0, len(board) - 1)

def random_col(board): #07 배틀쉽이 숨을 열을 지정하는 함수
    return random.randint(0, len(board[0]) - 1)

ship_row = random_row(board) #08 배틀쉽이 숨을 행을 지정
ship_col = random_col(board) #09 배틀쉽이 숨을 열을 지정

for turn in range(4): #10 4번 반복
    guess_row = int(input("행 번호 : ")) #11 행을 입력 받음
    guess_col = int(input("열 번호 : ")) #12 열을 입력 받음

    if guess_row == ship_row and guess_col == ship_col:
        print("축하합니다! 배를 침몰시켰어요!!")
        break #13 배를 맞췄으면 for 반복문을 벗어남

    else:
      if (guess_row < 0 or guess_row > 4) or (guess_col < 0
      or guess_col > 4):
         print("바다를 벗어났어요!") #14 입력 범위를 벗어난 숫자
            의 경우

      elif (board[guess_row][guess_col] == "X"):
```

```
            print("이미 입력했던 번호입니다.") #15 전에 입력한 번호
            인 경우

        else:
            print("배에 맞지 않았어요!") #16 배의 위치를 못맞춘 경우
            board[guess_row][guess_col] = "X"

        print("4번 중 " + str(turn+1) + "번 발사했어요." ) #17
        print()
        print_board(board) #18
        print()

if turn >= 3: #19
    print("게임이 끝났습니다!") #20 4번만에 배를 못 맞추고 끝나면
    메시지 출력
```

🖥 코드 해설

코드에 있는 주석을 잘 읽어보세요. 01-02 라인은 2차원 배열을 만듭니다. 02 라인의 append 메소드는 리스트의 제일 뒤에 요소를 추가하는 메소드입니다. 요소를 추가하기 위해서는 먼저 01 라인과 같이 빈 리스트가 있어야 합니다.

04 라인의 join 메소드는 리스트의 요소들을 보기 좋게 출력하기 위해 주로 사용됩니다. 여기서는 리스트의 요소들을 공백을 삽입해서 출력하고 있습니다.
만일 04 라인을 다음과 같이 기술하면

print("/".join(row))

행렬이 다음과 같이 출력됩니다.

0/0/0/0/0
0/0/0/0/0
0/0/0/0/0
0/0/0/0/0
0/0/0/0/0

06 라인의 len(board) 함수는 board가 2차원 배열이기 때문에 행의 개수를 반환하며, 07 라인의 len(board[0]) 함수는 열의 개수를 반환합니다.

현재 board 배열의 상태는 다음과 같습니다.

```
                0행              1행              2행              3행              4행
board → [['0', '0', '0', '0', '0'], ['0', '0', '0', '0', '0'], ['0', '0', '0', '0', '0'], ['0', '0', '0', '0', '0'], ['0', '0', '0', '0', '0']]
              board[0]                              ↑         ↑
                                                  0열        3열
```

'board'는 리스트 전체를 의미하며 리스트의 길이는 행의 개수를 의미합니다. 반면에 'board[0]'은 첫번째 행을 의미합니다. 행렬은 0행 0열부터 시작되므로 1을 빼서 행렬의 인덱스로 사용해야 합니다. 08, 09 라인에서는 06, 07 라인의 함수를 호출하여 전투함이 숨을 행과 열을 구합니다.

13 라인의 break는 반복문을 벗어나는 역할을 하며 여기서는 for 문의 블록을 벗어나 19 라인으로 실행이 이동됩니다. break로 for 블록을 벗어나는 경우는 4번 안에 맞춘 것이므로 19 라인의 조건이 '참'이 되지 않아 메시지가 출력되지 않습니다.

19 라인에서 turn을 3과 비교한 것은 세 번이 아니라 네 번인가를 검사하는 것입니다. 10 라인의 for 문에 기술한 range(4)는 0, 1, 2, 3을 발생시키기 때문에 turn이 3이면 네 번한 것입니다.

영어 단어암기 게임

마지막으로 실력도 테스트할 겸 간단한 영어 단어 맞추기 게임을 살펴봅시다. 코드를 실행시켜 보고 코드의 빈칸을 완성해 보세요. 이 게임은 2개의 리스트를 사용해서 하나는 한글 단어를 넣어두고, 또 하나는 대응하는 영어 단어를 넣어둡니다. 프로그램에서 한글 단어를 제시하면 사용자는 영어 단어를 입력합니다. 단어가 맞으면 '참 잘했어요!'라는 메시지를 출력하고 점수가 올라갑니다. 틀리면 한 번 더 입력할 수 있습니다.

두 번째 입력해서 맞으면 역시 점수가 올라가고 '참 잘했어요!' 메시지를 출력합니다. 그러나 두번째도 틀리면 정답을 알려주고 점수가 올라가지 않습니다.
마지막에는 총점을 출력합니다.

실행 결과

```
한글 : 사과
영어 : apple
참 잘했어요!

한글 : 아버지
영어 : fater
틀렸어요! 다시하세요!

한글 : 아버지
영어 : father
참 잘했어요!

한글 : 학교
영어 : school
```

```
참 잘했어요!

한글 : 책상
영어 : desc
틀렸어요! 다시하세요!

한글 : 책상
영어 : desc
책상는(은) desk입니다.

한글 : 남자
영어 : man
참 잘했어요!

당신의 점수 : 80
>>>
```

▶ sam77.py

```
kor = ["사과", "아버지", "학교", "책상", "남자"]
eng = ["apple", "father", "school", "desk", "man"]

score = 0

def word():

    global ans
    print("한글 : " + kor[i])
    ans = input("영어 : ")

for i in range(5):
    ❶ _____
```

```
    for j in range(2):

        if ans.lower() == eng[i]:

            print("참 잘했어요!")
            score = score + 20
            print()
            ❷ _____

        else:

            if ❸ _____ :
                print(kor[i]+"는(은) "+eng[i]+"입니다.")
                print()

            else:
                print("틀렸어요! 다시하세요!")
                print()
                word()
print("당신의 점수 :", score)
```

부록 - 터틀 그래픽 명령어

자주 사용되는 터틀 그래픽 명령어를 정리해봅시다. 아래를 방문하면 모든 터틀 그래픽 명령어를 볼 수 있습니다.

https://docs.python.org/3/library/turtle.html

- forward(거리) | fd(거리) : 앞으로 이동
- backwoard(거리) | bk(거리) | back(거리) : 뒤로 이동
- left(각도) | lt(각도) : 왼쪽으로 회전
- right(각도) | rt(각도) : 오른쪽으로 회전
- circle(반지름): 원을 그림
- dot( ): 점을 그림
- goto(x, y) | setpos(x, y) | setposition(x, y) : 특정 좌표로 이동
- setx(x) : x 좌표를 지정
- sety(y) : y 좌표를 지정
- setheading(각도) | seth(각도) : 방향 전환
- home( ) : 위치와 방향을 초기 상태로 환원
- speed(속도) : 속도 지정 (0 : 제일 빠름, 1 : 느림, 10 : 빠름)
- position( ) | pos( ) : 현재의 좌표를 구함
- towards(x, y) : 현재 위치에서 지정 위치까지의 각도를 구함
- xcor( ) : 현재의 x 좌표를 구함
- ycor( ) : 현재의 y 좌표를 구함

- heading() : 현재 설정된 각도를 구함
- distance(x, y) : 현재 위치에서 지정 위치까지 거리를 구함
- pendown() | pd() | down() : 펜을 내림
- penup() | pu() | up() : 펜을 올림
- pensize(크기) | width(크기) : 펜 크기를 지정
- color("색이름") : 펜 색을 지정
- fillcolor("색이름") : 도형 내부 색을 지정
- begin_fill() : 도형 내부 색칠 범위 시작
- end_fill() : 도형 내부 색칠 범위 끝
- reset() : 화면을 지우고 모든 것을 초기 상태로 환원
- clear() : 거북이는 그대로 둔 채 화면만 지움
- write() : 문자를 출력
- showturtle() | st() : 거북이를 화면에 표시
- hideturtle() | ht() : 거북이를 화면에서 숨김
- shape("모양") : 거북이 모양을 변경

    (모양 : "arrow", "turtle", "circle", "square", "triangle", "classic")

- title("이름") : 그래픽 창 이름 지정
- listen() : 키 입력을 감지함
- onkeypress(함수, "키이름") : 지정된 키보드를 누르면 지정된 함수 실행
- onclick(함수) | onscreenclick(함수) : 마우스 버튼을 누르면 지정된 함수 실행
- ontimer(함수, 시간) : 일정 시간(ms)이 지난 뒤 지정된 함수 실행
- mainloop() | done() : 이벤트 루프를 시작. 항상 제일 마지막에 기술해야 함

파이썬 기초의 모든것, 14개의 코딩 이야기

2018년 4월 10일 초판 1쇄 인쇄
2018년 4월 20일 초판 1쇄 발행

책을 만든 사람들
집필 ｜ 박영호 이병재
기획 ｜ 정보산업부
진행 ｜ 정보산업부
표지 및 본문 디자인 ｜ 정보산업부

펴낸곳 ｜ (주)교학사
펴낸이 ｜ 양진오
주소 ｜ (공장) 서울특별시 금천구 가산디지털1로 42(가산동)
　　　 (사무소) 서울특별시 마포구 마포대로14길 4(공덕동)
전화 ｜ 02-707-5310(편집), 02-839-2505/707-5147(영업)
팩스 ｜ 02-707-5316(편집), 02-839-2728(영업)
등록 ｜ 1962년 6월 26일 〈18-7〉

교학사 홈페이지 ｜ http://www.kyohak.co.kr 블로그 ｜ http://blog.naver.com/itkyohak
도서 문의 ｜ itkyohak@naver.com

Copyright by KYOHAKSA

(주)교학사는 이 책에 대한 독점권을 가지고 있습니다. 따라서 (주)교학사의 서면 동의 없이는 책의 전체 또는 일부를 어떤 형태로도 사용할 수 없습니다. 또한 책에서 인용한 모든 프로그램은 각 개발사와 공급사에 의해 그 권리를 보호 받습니다.